高考日语宝典

核心词汇

主　编：嘉攀日语编写组

编　者：程　丹　左心童

外语教学与研究出版社
北京

图书在版编目（CIP）数据

高考日语宝典核心词汇 / 嘉攀日语编写组主编 ；程丹，左心童编．--
北京 ：外语教学与研究出版社，2023.8
ISBN 978-7-5213-4771-5

Ⅰ．①高… Ⅱ．①嘉… ②程… ③左… Ⅲ．①日语课－高中－升学参考资料
Ⅳ．①G634.463

中国国家版本馆 CIP 数据核字（2023）第 159458 号

出 版 人　王　芳
项目策划　杜红坡
责任编辑　王晓晴
责任校对　杜红坡
封面设计　梧桐影
出版发行　外语教学与研究出版社
社　　址　北京市西三环北路 19 号（100089）
网　　址　https://www.fltrp.com
印　　刷　三河市紫恒印装有限公司
开　　本　787×1092　1/16
印　　张　12.5
版　　次　2023 年 9 月第 1 版　2023 年 9 月第 1 次印刷
书　　号　ISBN 978-7-5213-4771-5
定　　价　49.90 元

如有图书采购需求，图书内容或印刷装订等问题，侵权、盗版书籍等线索，请拨打以下电话或关注官方服务号：
客服电话：400 898 7008
官方服务号：微信搜索并关注公众号“外研社官方服务号”
外研社购书网址：https://fltrp.tmall.com

物料号：347710001

－前 言－

自1977年恢复高考以来，高考日语科目一直作为外语科目开设，至今已四十余年。近年来，高考日语的难易度以及题型逐渐趋于稳定，选择日语作为高考外语科目的学生也在逐步增加。但在日语学习的过程中，存在日语学习起步晚，单词记忆枯燥且困难等问题。为帮助日语学习者提高日语词汇水平，并在高考中取得理想的成绩，嘉攀日语编写组广纳一线教师和学生的建议，编写了《高考日语宝典核心词汇》。

本书的编写是以《普通高中日语课程标准(2017年版2020年修订)》为指导思想，明确了高中日语学科核心素养的水平划分，对语言能力、文化意识、思维品质和学习能力提出了明确的目标要求。

嘉攀日语编写组组织教学一线专家和教师，基于对历年高考日语的深入研究，在精心挑选了2500个左右高考核心词汇的同时，将词汇分类场景化，告别枯燥乏味的死记硬背，通过情景化记忆让学生加深对每个单词的理解，并引导学生展开发散性思维，串联相关单词，大大提高了背单词的趣味性和效率。

词汇是语言学习的基石，牢固掌握词汇是解答语法题、读懂文章的前提，也是听懂听力录音和提高写作水平的根本。

本书使用建议

本书分为基础篇和实战篇。

基础篇分为六个板块，共三十章。其中，第一至二十一章收录了不同生活场景下的单词，建议学习者在熟悉生活场景的过程中理解和记忆单词，并学会在日常生活中融会贯通，做到会读、会写、会用。第二十二至第二十八章总结了高考日语中的重点副词和动词，第二十九章包含了高考日语中常见的外来语和拟声拟态词，第三十章囊括了高考日语必备的寒暄语，建议学习者熟练掌握。每个板块学完后，配有测试题，帮助学习者进行阶段性的复习和巩固。

实战篇包含四个模拟测试，每个测试设计了三十道单选题，题目覆盖了基础篇的单词，方便学习者再次复习前面学习的内容。

注：书中标※的单词为选背单词，可在有余力、有时间的情况下进行记忆。外来语的释义中，(　)表示词源，如(英)表示英语，(法)表示法语，(荷)表示荷兰语，(和)表示和制英语。

高考日语全国卷考试简介

考试分为听力、日语知识运用、阅读理解和写作四个部分。考试时间为120分钟，总分为150分。各部分题量及建议用时如下表所示：

类别 板块	考试内容	题型构成	题量（道）	分值（分）	建议用时（分钟）
第一部分	听力	第一节	7	14	20
		第二节	8	16	
第二部分	日语知识运用	单选	40	40	30—35
第三部分	阅读理解	四篇文章	20	50	40—45
第四部分	写作	主观题	1	30	25
总计			76	150	120

*注：第二部分和第三部分的总体用时建议不超过75分钟，请学习者结合自身情况控制用时。

考试中各个部分的考查目标具体如下表所示：

考试内容	考查目标
听力	要求能够听懂日常生活中熟悉的对话以及简单的独白。
日语知识运用	要求能够准确地运用基本的语法知识，掌握2000个左右的词汇、词组及短句。
阅读理解	要求能够读懂有关日常生活中熟悉的话题的简短文字材料。
写作	要求能够根据提示进行书面表达，准确使用词汇和语法，清楚、连贯地表达主观想法，书写、标点规范。

语法术语略语表

略语	含义	示例
名	名词	学生/先生
代	代词	これ/それ/あれ/どれ
数	数词	一/十/百/千/万
量	量词	～円/～人
动	动词	買う/見る/連絡する
动1	一类动词	買う/書く
动2	二类动词	見る/食べる
动3	三类动词（サ变动词 / カ变动词）	勉強する/する/来る
他	他动词	変える/並べる
自	自动词	変わる/並ぶ
形	形容词	暑い/寒い/静かだ/賑やかだ
形1	一类形容词（イ形容词）	暑い/寒い
形2	二类形容词（ナ形容词）	静かだ/賑やかだ
副	副词	あまり/あるいは
接续	接续词	なお/また
惯用	惯用句型	～味がする/～匂いがする

文体和时态表

词性	时态	普通形	礼貌形
名词	现在时肯定形	学生だ	学生です
	过去时肯定形	学生だった	学生でした
	现在时否定形	学生ではない	学生ではありません
	过去时否定形	学生ではなかった	学生ではありませんでした
一类形容词	现在时肯定形	美味しい	美味しいです
	过去时肯定形	美味しかった	美味しかったです
	现在时否定形	美味しくない	美味しくありません
	过去时否定形	美味しくなかった	美味しくありませんでした
二类形容词	现在时肯定形	静かだ	静かです
	过去时肯定形	静かだった	静かでした
	现在时否定形	静かではない	静かではありません
	过去时否定形	静かではなかった	静かではありませんでした
动词	现在时肯定形	教える	教えます
	过去时肯定形	教えた	教えました
	现在时否定形	教えない	教えません
	过去时否定形	教えなかった	教えませんでした

形容词活用表

	一类形容词	二类形容词
基本形	ながい	しずかだ
て形	ながくて	しずかで
た形	ながかった	しずかだった
ない形	ながくない	しずかではない
ば形	ながければ	しずかならば

动词活用表

<table>
<tr><th></th><th>基本形</th><th>ます形</th><th>て形</th><th>た形</th><th>ない形</th><th>ば形</th><th>命令形</th><th>意志形</th><th>可能形式</th><th>被动形式</th><th>使役形式</th><th>使役被动形式</th></tr>
<tr><td rowspan="9">一类动词</td><td>あう</td><td rowspan="9">う段
↓
い段
＋ます</td><td rowspan="3">う
つ→って
る</td><td rowspan="3">う
つ→った
る</td><td>う→わない</td><td rowspan="9">う段
↓
え段
＋ば</td><td rowspan="9">う段
↓
え段</td><td rowspan="9">う段
↓
お段
＋う</td><td rowspan="9">う段
↓
え段
＋る</td><td rowspan="9">ない形
＋れる</td><td rowspan="9">ない形
＋せる</td><td rowspan="9">ない形
＋される</td></tr>
<tr><td>もつ</td><td rowspan="8">う段
↓
あ段
＋ない</td></tr>
<tr><td>とる</td></tr>
<tr><td>しぬ</td><td rowspan="3">ぬ
む→んで
ぶ</td><td rowspan="3">ぬ
む→んだ
ぶ</td></tr>
<tr><td>のむ</td></tr>
<tr><td>あそぶ</td></tr>
<tr><td>かく</td><td>く→いて</td><td>く→いた</td></tr>
<tr><td>かぐ</td><td>ぐ→いで</td><td>ぐ→いだ</td></tr>
<tr><td>おす</td><td>す→して</td><td>す→した</td></tr>
<tr><td>二类动词</td><td>みる</td><td>みます</td><td>去掉る
＋て</td><td>去掉る
＋た</td><td>去掉る
＋ない</td><td>去掉る
＋ろ</td><td>去掉る
＋よう</td><td>去掉る
＋させる</td><td>去掉る
＋られる</td><td>去掉る
＋られる</td><td>去掉る
＋れば</td><td>去掉る
＋させられる</td></tr>
<tr><td rowspan="2">三类动词</td><td>する</td><td>します</td><td>して</td><td>した</td><td>しない</td><td>しろ</td><td>しよう</td><td>させる</td><td>される</td><td>できる</td><td>すれば</td><td>させられる</td></tr>
<tr><td>くる</td><td>きます</td><td>きて</td><td>きた</td><td>こない</td><td>こい</td><td>こよう</td><td>こさせる</td><td>こられる</td><td>こられる</td><td>くれば</td><td>こさせられる</td></tr>
<tr><td>特殊动词</td><td colspan="12">行く、行って、行った</td></tr>
<tr><td>特殊一类动词</td><td colspan="12">要る、切る、知る、滑る、帰る、走る、減る、入る、参る、散る、喋る、茂る、握る</td></tr>
</table>

– 目次 / 目录 –

基礎編 / 基础篇

実践編 / 实战篇

基礎編／基础篇

家族・人間関係／家人、人际关系

家族／家人

□ 祖父（そふ）①	［名］	祖父，外祖父
□ 祖母（そぼ）①	［名］	祖母，外祖母
□ お爺さん（おじいさん）②	［名］	祖父，爷爷，外公，外祖父；老爷爷
□ お婆さん（おばあさん）②⓪	［名］	祖母，奶奶，外婆，外祖母；老奶奶
□ 両親（りょうしん）①	［名］	双亲，父母
□ 親（おや）②	［名］	双亲，父母
□ 父親（ちちおや）⓪	［名］	父亲
□ 母親（ははおや）⓪	［名］	母亲
□ お父さん（おとうさん）②	［名］	父亲，爸爸
□ お母さん（おかあさん）②	［名］	母亲，妈妈
□ 伯父（おじ）⓪	［名］	伯父，舅父，姑父，姨父，叔叔
□ 伯母（おば）⓪	［名］	伯母，舅母，姑母，姨母，阿姨
□ お兄さん（おにいさん）②	［名］	哥哥，（您的）哥哥
□ お姉さん（おねえさん）②	［名］	姐姐，（您的）姐姐
□ 兄（あに）①	［名］	哥哥，（我）哥哥
□ 姉（あね）⓪	［名］	姐姐，（我）姐姐
□ 弟（おとうと）④	［名］	弟弟，（我）弟弟
□ 妹（いもうと）④	［名］	妹妹，（我）妹妹
□ 従兄弟/従姉妹（いとこ）②	［名］	堂兄弟，堂姐妹，表兄弟，表姐妹
□ 夫婦（ふうふ）①	［名］	夫妻，夫妇
□ 夫（おっと）⓪	［名］	丈夫
□ 妻（つま）①	［名］	妻子

☐ **主人（しゅじん）①** ［名］ 一家之主，老板，丈夫

☐ **奥さん（おくさん）①** ［名］ 太太，夫人

☐ **家内（かない）①** ［名］ 家庭；家属；（自谦）内人，妻子

☐ **子供（こども）⓪** ［名］ （自己的）子女；小孩

☐ **息子（むすこ）⓪** ［名］ 儿子

☐ **娘（むすめ）③** ［名］ 女儿；姑娘

☐ **お嬢さん（おじょうさん）②** ［名］ 令爱，千金，（您的）女儿

☐ **孫（まご）②** ［名］ 孙子，孙女，外孙，外孙女

☐ **親戚（しんせき）⓪** ［名］ 亲戚，亲属

人間関係（にんげんかんけい）／人际关系

☐ **友達（ともだち）⓪** ［名］ 朋友

☐ **親友（しんゆう）⓪** ［名］ 亲友，挚友

☐ **友人（ゆうじん）⓪** ［名］ 朋友，友人

☐ **先輩（せんぱい）⓪** ［名］ 先辈，前辈；学长，学姐

☐ **後輩（こうはい）⓪** ［名］ 后辈，晚辈；学弟，学妹

☐ **仲間（なかま）③** ［名］ 伙伴，同伴

☐ **味方（みかた）⓪** ［名］ 我方，同伙，同伴，自己人

☐ **相手（あいて）③** ［名］ 共事者；对手；对象

その他（ほか）／其他

☐ **男性（だんせい）⓪** ［名］ 男性

☐ **女性（じょせい）⓪** ［名］ 女性

☐ **男（おとこ）③** ［名］ 男，男性，男子

☐ **女（おんな）③** ［名］ 女，女性，女子

☐ **男子（だんし）①** ［名］ 男子

☐ **女子（じょし）①** ［名］ 女子

☐ **客（きゃく）⓪** ［名］ 客人

☐ **両方（りょうほう）③⓪** ［名］ 双方，两者

例文(れいぶん)／例句

1. 家族(かぞく)のために、毎日一生懸命働(まいにちいっしょうけんめいはたら)いています。
2. 妻(つま)と結婚(けっこん)して、もう10年(ねん)経(た)ちました。
3. 夏休(なつやす)みは友達(ともだち)と一緒(いっしょ)に実家(じっか)へ帰(かえ)ります。
4. 「この写真(しゃしん)を見(み)てください。私(わたし)の孫(まご)です。」
   「えっ！森(もり)さんはもうおじいさんなんですか。」

第一章课后练习

问题一 写出下列日语单词对应的平假名。

1. 家内 ____________ 2. 両親 ____________
3. 男 ____________ 4. 客 ____________
5. 妻 ____________ 6. 両方 ____________
7. 祖父 ____________ 8. 先輩 ____________
9. 娘 ____________ 10. 息子 ____________
11. 友達 ____________ 12. 相手 ____________
13. 親 ____________ 14. 女 ____________
15. 夫 ____________ 16. 主人 ____________

问题二 根据句子，选择合适的单词，并填入括号。

a. いとこ　　b. 妻　　c. 妹　　d. 客

1. 店員として、お（　　）さまに失礼なことしてはいけません。
2. 愛ちゃんは母の妹の娘だから、私の（　　）です。
3. 私は単身赴任で名古屋へ来て、（　　）は東京にいます。
4. 私は一人っ子ではありません。実家に（　　）がいます。

e. 上司　　f. おじいさん　　g. 姉　　h. 友達

5. うちの家族の写真を見てください。この子は私の（　　）の花子です。
6. 仕事の後、（　　）から食事に誘われて、なかなか断らないです。
7. 彼は学校で同じクラブに入っている（　　）です。
8. 夏休みになると、私はよく田舎の（　　）の家へ遊びに行きます。

第二章

時間（じかん）/时间

毎日（まいにち）/每天

□朝（あさ）①　［名］　早上
□昼（ひる）②　［名］　白天，中午
□夕方（ゆうがた）⓪　［名］　傍晚，黄昏
□夜（よる）①　［名］　夜晚，晚上
□晩（ばん）⓪　［名］　夜晚，晚上
□今朝（けさ）①　［名］　今天早上
□今晩（こんばん）①　［名］　今晚
□今夜（こんや）①　［名］　今夜，今晚
□昨夜（ゆうべ）⓪　［名］　昨天晚上
□毎朝（まいあさ）①⓪　［名］　每天早上
□毎晩（まいばん）①⓪　［名］　每天晚上
□昼間（ひるま）③　［名］　白天
□午前（ごぜん）①　［名］　上午
□午後（ごご）①　［名］　下午，午后
□日時（にちじ）①②　［名］　时期与时刻
□時（じ）①　［名］　时间；（接在数词后）……点
□分（ふん）①　［名］　分；（接在数词后）……分
□秒（びょう）①　［名］　秒；（接在数词后）……秒

時期（じき）/时期

□昔（むかし）⓪	［名］	过去，以前
□今（いま）①	［名］	现在；刚刚
□現在（げんざい）①	［名］	现在，目前
□以後（いご）①	［名］	以后
□今後（こんご）⓪①	［名］	今后，将来，以后
□過去（かこ）①	［名］	过去
□将来（しょうらい）①	［名］	将来
□最近（さいきん）⓪	［名］	最近，近来
□この頃（このごろ）②⓪	［名］	最近，近来
□近頃（ちかごろ）②	［名］	最近
□今頃（いまごろ）⓪	［名］	现在，这时候
□この間（このあいだ）⑤⓪	［名］	前几天，前些日子
□先日（せんじつ）⓪	［名］	前几天，前些日子
□今回（こんかい）①	［名］	这次
□同時（どうじ）⓪①	［名］	同时
□日（ひ）⓪	［名］	日子；一天
□今日（きょう）①	［名］	今天
□昨日（きのう）②	［名］	昨天
□明日（あした）③	［名］	明天
□月（つき）②	［名］	月份
□今月（こんげつ）⓪	［名］	这个月
□先月（せんげつ）①	［名］	上个月
□来月（らいげつ）①	［名］	下个月
□年（ねん）①	［名］	年，一年；学年
□年（とし）②	［名］	年；年龄
□今年（ことし）⓪	［名］	今年
□去年（きょねん）①	［名］	去年
□昨年（さくねん）⓪	［名］	去年

□来年（らいねん）⓪	[名]	明年，来年
□年月日（ねんがっぴ）③	[名]	年月日
□上旬（じょうじゅん）⓪	[名]	上旬
□中旬（ちゅうじゅん）⓪	[名]	中旬
□下旬（げじゅん）⓪	[名]	下旬
□年末（ねんまつ）⓪	[名]	年末，年底

平日（へいじつ）・休日（きゅうじつ）・祝日（しゅくじつ）／平日、休息日、节日

□月曜日（げつようび）⓪	[名]	周一，星期一
□火曜日（かようび）⓪	[名]	周二，星期二
□水曜日（すいようび）⓪	[名]	周三，星期三
□木曜日（もくようび）⓪	[名]	周四，星期四
□金曜日（きんようび）⓪	[名]	周五，星期五
□土曜日（どようび）⓪	[名]	周六，星期六
□日曜日（にちようび）⓪	[名]	周日，星期日
□土日（どにち）⓪	[名]	周六和周日
□週末（しゅうまつ）⓪	[名]	周末
□旧暦（きゅうれき）⓪	[名]	旧历，农历，阴历
□新暦（しんれき）⓪	[名]	新历，阳历，公历
□大晦日（おおみそか）③	[名]	除夕；阳历的最后一天，即12月31日
□正月（しょうがつ）④⓪	[名]	正月，新年期间
□新年（しんねん）①	[名]	新年
□祭り（まつり）⓪③	[名]	庙会，庆典，节日
□ひな祭り（ひなまつり）③	[名]	日本女儿节
□中元（ちゅうげん）⓪	[名]	中元节
□歳暮（せいぼ）⓪	[名]	岁末，年终
□お盆（おぼん）③	[名]	盂兰盆节
□バレンタインデー⑤	[名]	（英）Saint Valentine's Day 情人节
□七夕（たなばた）⓪	[名]	七夕

□ クリスマス③　［名］　（英）Christmas 圣诞节

□ 誕生日（たんじょうび）③　［名］　生日

その他／其他

□ カレンダー②　［名］　（英）calendar 日历

□ スケジュール②③　［名］　（英）schedule 日程，时间表

□ 古代（こだい）①　［名］　古代

□ 現代（げんだい）①　［名］　现代

□ 最初（さいしょ）⓪　［名］　最初，起初

□ 最後（さいご）①　［名］　最后，最终

□ 歳月（さいげつ）①　［名］　岁月

□ 時計（とけい）⓪　［名］　时钟，表

□ 間（あいだ）⓪　［名］　（空间上的）间隔；（时间上的）期间；之间，中间

□ 長い（ながい）②　［形1］　长久的，漫长的

□ 短い（みじかい）③　［形1］　短促的，短暂的

例文／例句

1. 仕事は毎日忙しいですが、楽しいです。
2. 来月の上旬に引っ越す予定です。
3. 「誕生日に何が欲しいですか。」
   「うーん、自転車が欲しいです。」
4. 先日、駅前に新しい本屋ができました。

第二章课后练习

问题一 写出下列日语单词对应的平假名。

1. 昼間 ________　　2. 夕方 ________
3. 夜 ________　　4. 今夜 ________
5. 毎朝 ________　　6. 時間 ________
7. 昔 ________　　8. 現在 ________
9. 将来 ________　　10. 最近 ________
11. 最後 ________　　12. 新年 ________
13. 旧暦 ________　　14. 時計 ________
15. 長い ________　　16. 短い ________

问题二 根据句子，选择合适的单词，并填入括号。

a. 現在　b. 今夜　c. 将来　d. 毎朝

1. 吉田さんは（　　）、新聞を配るアルバイトをしています。
2. 「（　　）、一緒に晩ご飯を食べない？」
   「いいよ。」
3. 娘は（　　）医者になりたいと言っていました。
4. 私は昨年まで会社員でしたが、（　　）は自分の会社を経営しています。

e. 下旬　f. 大晦日　g. カレンダー　h. スケジュール

5. 今日は12月31日で、（　　）です。
6. 来月の（　　）に休みを取って、旅行へ行くつもりです。
7. （　　）によって、社長は明日から出張する予定です。
8. もう新年ですから、去年の（　　）を捨てましょう。

位置・方向/位置、方向

位置/位置

□上（うえ）⓪	［名］	上
□下（した）⓪②	［名］	下
□前（まえ）①	［名］	前，前面
□後ろ（うしろ）⓪	［名］	后，后面
□中（なか）①	［名］	里边；中间
□外（そと）①	［名］	外面
□隣（となり）⓪	［名］	相邻，隔壁，邻近，邻居
□側（がわ）⓪	［名］	周围的人，旁边
□傍（そば）①	［名］	侧，旁边，附近
□端（はし）⓪	［名］	端，头
□奥（おく）①	［名］	里面，内部
□内（うち）⓪	［名］	内部，里边；在……内
□辺（へん）⓪	［名］	附近，一带，边
□辺り（あたり）①	［名］	附近，周围；大约，左右
□近所（きんじょ）①	［名］	近处，附近，近邻，街坊
□近く（ちかく）②①	［名］	近处，附近
□遠く（とおく）③⓪	［名］	远处
□中心（ちゅうしん）⓪	［名］	中心
□中央（ちゅうおう）③⓪	［名］	正中间，当中，中心
□真ん中（まんなか）⓪	［名］	中央，当中，正中间
□所（ところ）⓪	［名］	地点，场所
□センター①	［名］	（英）center 中心，中央

方向(ほうこう)／方向

- □ 東（ひがし）⓪③　［名］　东，东方
- □ 西（にし）⓪　［名］　西，西方
- □ 南（みなみ）⓪　［名］　南，南方
- □ 北（きた）⓪②　［名］　北，北方
- □ 左（ひだり）⓪　［名］　左，左面，左边
- □ 右（みぎ）⓪①　［名］　右，右面，右边
- □ 横（よこ）⓪　［名］　横；旁边
- □ 逆（ぎゃく）⓪　［名］　逆，倒，反
- □ さかさま⓪　［名／形2］　逆，倒，颠倒，相反
- □ 向き（むき）①　［名］　朝向；适合
- □ 方（ほう）①　［名］　方向，方面

その他(ほか)／其他

- □ 場所（ばしょ）⓪　［名］　场所，地点
- □ 地域（ちいき）①　［名］　地域，地区
- □ 地方（ちほう）②①　［名］　地方，地区
- □ 現場（げんば）⓪　［名］　现场，当场
- □ 市内（しない）①　［名］　市内
- □ 郊外（こうがい）①　［名］　郊外，郊区
- □ 被害地（ひがいち）②　［名］　受灾地区，受害地区
- □ 海辺（うみべ）③⓪　［名］　海边，海滨
- □ 境（さかい）②　［名］　边界；分界，界线；境界
- □ 岸（きし）②　［名］　岸，滨
- □ サイト①　［名］　（英）site 场地，用地；网站

例文（れいぶん）/例句

1. その町（まち）は後（うし）ろに山（やま）を、前（まえ）に海（うみ）をひかえています。
2. 近（ちか）くの店（みせ）で買（か）い物（もの）をします。
3. 探検隊（たんけんたい）はその土地（とち）の奥（おく）に進（すす）んでいました。
4. 日本（にほん）はアジアの東（ひがし）にあります。
5. 本棚（ほんだな）には子供向（こどもむ）きの本（ほん）がたくさん並（なら）んでいます。

第三章课后练习

问题一 **写出下列日语单词对应的平假名。**

1. 隣 ________________　　2. 地方 ________________
3. 海辺 ________________　　4. 西 ________________
5. 右 ________________　　6. 辺り ________________
7. 端 ________________　　8. 中央 ________________
9. 横 ________________　　10. 遠く ________________
11. 郊外 ________________　　12. 市内 ________________
13. 境 ________________　　14. 場所 ________________
15. 側 ________________　　16. 逆 ________________
17. 現場 ________________　　18. 中心 ________________
19. 北 ________________　　20. 南 ________________

问题二 **根据句子，选择合适的单词，并填入括号。**

a. 上　　b. 逆　　c. 辺り　　d. 真ん中

1. 最近、この（　　）は大きいデパートが開かれて、すごくにぎやかです。
2. テーブルの（　　）に一枚の切符が置いてあります。
3. 私の家は郵便局と学校の（　　）にあります。
4. あの人は言うこととやることが（　　）で、信じられないですよ。

e. 隣　　f. 現場　　g. 向き　　h. 遠く

5. 私は高い所から（　　）を眺めるのが好きです。
6. 昨日、ここで事故がありました。私はちょうど（　　）にいました。
7. この服は中国人（　　）のデザインです。
8. 田中さんは（　　）の席の人と話しています。

第四章

日常生活（にちじょうせいかつ）/日常生活

毎日（まいにち）の生活（せいかつ）/每天的生活

□食事（しょくじ）⓪	［名］	吃饭，用餐，饮食
□朝食（ちょうしょく）⓪	［名］	早饭，早餐
□昼食（ちゅうしょく）⓪	［名］	午饭，午餐
□夕食（ゆうしょく）⓪	［名］	晚饭，晚餐
□休み（やすみ）③	［名］	休息；休假
□昼寝（ひるね）⓪	［名］	午休，午睡
□休憩（きゅうけい）⓪	［名］	休息
□連休（れんきゅう）⓪	［名］	连休，长假
□家事（かじ）①	［名］	家务
□料理（りょうり）①	［名］	烹饪，料理
□掃除（そうじ）⓪	［名］	打扫，清扫
□習慣（しゅうかん）⓪	［名］	习惯
□生活（せいかつ）⓪	［名］	生活
□買い物（かいもの）⓪	［名］	买东西，购物
□化粧（けしょう）②	［名］	化妆
□小遣い（こづかい）①	［名］	零用钱
□日用品（にちようひん）⓪③	［名］	日用品
□日記（にっき）⓪	［名］	日记
□携帯電話（けいたいでんわ）⑤	［名］	手机
□新聞（しんぶん）⓪	［名］	报纸
□天気予報（てんきよほう）④	［名］	天气预报

☐ シャワー① ［名］ （英）shower 淋浴

☐ ショッピング① ［名］ （英）shopping 购物，买东西

☐ 使い捨て（つかいすて）⓪ ［名］ 一次性用品，用完就扔掉的东西

☐ ごみ② ［名］ 垃圾

☐ 燃えるごみ（もえるごみ）⓪ ［名］ 可燃性垃圾

☐ 燃えないごみ（もえないごみ）⓪ ［名］ 不可燃垃圾

☐ 資源ごみ（しげんごみ）② ［名］ 可回收垃圾

例文／例句

1. 食事をしてから、映画館へ映画を見に行きます。
2. 母は四川料理を作っています。
3. 猫の生活を観察します。
4. 天気予報によると、明日が雨が降ります。

第四章课后练习

问题一 写出下列日语单词对应的平假名。

1. 生活 ________________
2. 小遣い ________________
3. 昼食 ________________
4. 新聞 ________________
5. 料理 ________________
6. 休憩 ________________
7. 掃除 ________________
8. 日記 ________________
9. 休日 ________________
10. 朝食 ________________

问题二 根据句子，选择合适的单词，并填入括号。

a. 休み　b. 小遣い　c. 掃除　d. 化粧

1. 姉は毎日（　　）してから、会社へ行きます。
2. 大晦日に家族と一緒に（　　）して、家をきれいにします。
3. 親は子供に（　　）をやります。
4. このスーパーマーケットは毎週の木曜日が（　　）です。

e. 家事　f. 買い物　g. 昼寝　h. 新聞

5. 晩ご飯の後で、デパートへ（　　）に行きます。
6. 李さんは（　　）をしないから、眠いです。
7. 姉は毎日、（　　）の手伝いをします。
8. 父はよく（　　）を読みながら、お茶を飲みます。

食べ物（たもの）・飲み物（のもの）／食物、饮料

肉類（にくるい）／肉类

□ 肉（にく）② ［名］ 肉
□ 牛肉（ぎゅうにく）⓪ ［名］ 牛肉
□ 鶏肉（とりにく）⓪ ［名］ 鸡肉
□ 豚肉（ぶたにく）⓪ ［名］ 猪肉
□ 卵（たまご）②⓪ ［名］ 鸡蛋
□ ハム① ［名］ （英）ham 火腿

海産物（かいさんぶつ）／海产品

□ 魚（さかな）⓪ ［名］ 鱼
□ 貝（かい）① ［名］ 贝类，贝壳
□ のり② ［名］ 海苔
□ 刺身（さしみ）③ ［名］ 刺身，生鱼片

野菜（やさい）／蔬菜

□ 葱（ねぎ）① ［名］ 葱
□ 豆（まめ）② ［名］ 豆
□ じゃがいも⓪ ［名］ 马铃薯，土豆
□ トマト① ［名］ （英）tomato 西红柿，番茄
□ キャベツ① ［名］ （英）cabbage 圆白菜，洋白菜

くだもの
果物／水果

□ 柿（かき）⓪　［名］　柿子
□ すいか⓪　［名］　西瓜
□ ぶどう⓪　［名］　葡萄
□ 桃（もも）⓪　［名］　桃子
□ みかん①　［名］　橘子，柑橘
□ バナナ①　［名］　（英）banana 香蕉
□ 皮（かわ）②　［名］　外皮，壳

りょう り
料理／饭菜

□ ご飯（ごはん）①　［名］　米饭，饭
□ 米（こめ）②　［名］　大米
□ 麦（むぎ）①　［名］　麦子，小麦
□ うどん⓪　［名］　切面，粗面条
□ てんぷら⓪　［名］　天妇罗
□ ギョーザ⓪　［名］　饺子
□ かゆ⓪　［名］　粥
□ パン①　［名］　（葡）pão 面包
□ サンドイッチ④　［名］　（英）sandwich 三明治
□ ケーキ①　［名］　（英）cake 蛋糕
□ ハンバーガー③　［名］　（英）hamburger 汉堡包
□ サラダ①　［名］　（英）salad 沙拉
□ お節料理（おせちりょうり）④　［名］　年节菜，年饭
□ 寿司（すし）②①　［名］　寿司
□ 食料（しょくりょう）②⓪　［名］　食品，食物
□ 食品（しょくひん）⓪　［名］　食品
□ 弁当（べんとう）③　［名］　便当，盒饭

飲み物（もの）/饮料

□ お茶（おちゃ）⓪	［名］	茶
□ 紅茶（こうちゃ）⓪	［名］	红茶
□ 牛乳（ぎゅうにゅう）⓪	［名］	牛奶
□ 酒（さけ）⓪	［名］	酒
□ 水（みず）⓪	［名］	水，凉水
□ 湯（ゆ）①	［名］	开水，热水
□ コーヒー③	［名］	（荷）koffie 咖啡
□ コーラ①	［名］	（英）cola 可乐
□ ジュース①	［名］	（英）juice 果汁
□ ビール①	［名］	（荷）bier 啤酒
□ ミルク①	［名］	（英）milk 牛奶
□ 氷（こおり）⓪	［名］	冰

調味料（ちょうみりょう）/调料

□ 砂糖（さとう）②	［名］	砂糖
□ 塩（しお）②	［名］	盐
□ 醤油（しょうゆ）⓪	［名］	酱油
□ 酢（す）①	［名］	醋
□ 油（あぶら）⓪	［名］	油
□ 粉（こな）②	［名］	粉，粉末
□ バター①	［名］	（英）butter 黄油
□ チーズ①	［名］	（英）cheese 干酪，乳酪，起司
□ ジャム①	［名］	（英）jam 果酱

食器（しょっき）/餐具

□ 茶碗（ちゃわん）⓪	［名］	碗，饭碗

□ 鍋（なべ）①	［名］	锅；火锅
□ コップ⓪	［名］	（荷）kop 杯子，玻璃杯
□ ナイフ①	［名］	（英）knife 小刀，西餐刀
□ スプーン②	［名］	（英）spoon 汤匙，勺子
□ 箸（はし）①	［名］	筷子

味（あじ）／味道

□ 美味しい（おいしい）⓪③	［形1］	美味的，好吃的
□ 甘い（あまい）⓪	［形1］	甜的；甜美的；姑息的；肤浅的
□ 辛い（からい）②	［形1］	辣的
□ 臭い（くさい）②	［形1］	臭的
□ 酸っぱい（すっぱい）③	［形1］	酸的
□ 苦い（にがい）② ※	［形1］	苦的；痛苦的
□ まずい② ※	［形1］	不好吃的，难吃的；糟糕的
□ 匂い（におい）②	［名］	气味；香气
□ ～味がする	［惯用］	有……的味道
□ ～匂いがする	［惯用］	有……的气味

例文（れいぶん）／例句

1. お節料理（せちりょうり）には寿司（すし）や卵（たまご）や豆（まめ）などがあります。
2. パン屋（や）でパンとサンドイッチを買（か）いました。
3. お母（かあ）さんが作（つく）ったてんぷらの弁当（べんとう）はとてもおいしいです。
4. 紅茶（こうちゃ）と牛乳（ぎゅうにゅう）とどちらが好（す）きですか。
5. この香水（こうすい）はみかんの匂（にお）いがする。

第五章课后练习

问题一 **写出下列日语单词对应的平假名。**

1. 海産物 ________	2. 寿司 ________
3. 砂糖 ________	4. 茶碗 ________
5. 甘い ________	6. 柿 ________
7. 葱 ________	8. 果物 ________
9. 野菜 ________	10. 食料 ________
11. 米 ________	12. 氷 ________
13. 油 ________	14. 鍋 ________
15. 塩 ________	16. 魚 ________
17. 卵 ________	18. 臭い ________
19. 酒 ________	20. お節料理 ________
21. 牛乳 ________	22. 辛い ________
23. 鶏肉 ________	24. 豚 ________
25. 湯 ________	26. 貝 ________
27. 弁当 ________	28. 美味しい ________
29. 紅茶 ________	30. 肉 ________

问题二 **根据句子，选择合适的单词，并填入括号。**

a. 卵　　b. みかん　　c. 美味しい　　d. 砂糖

1. 水に（　　）を入れて、甘くなります。
2. 四川料理は辛いですが、とても（　　）です。
3. 親子丼は鶏肉と（　　）があるご飯です。
4. 「果物の中で、何が一番好きですか。」
   「（　　）です。」

e. 箸　　f. 酒　　g. 刺身　　h. 甘い

5. あの人は（　　）を飲むと顔が赤くなります。
6. 親が子供に（　　）のはよくないですよ。
7. 中国人は食事の時、（　　）で食べます。
8. （　　）は新鮮な魚肉などを生のまま薄く切り、醬油などをつけて食べる料理です。

テスト１／测试１

一、从A、B、C、D四个选项中，选出画线部分对应的汉字。

1. 木村さんのおかあさんはパン屋で働いています。

A. 兄　　B. 姉　　C. 父　　D. 母

2. 最近太ってきたので、まいあさジョギングしています。

A. 毎日　　B. 毎朝　　C. 毎番　　D. 毎晩

3. 鈴木さんはしょうらい、弁護士になりたいと言っていました。

A. 未来　　B. 将来　　C. 招来　　D. 請来

4. 駅のちかくに店がたくさんあります。

A. 違く　　B. 遅く　　C. 近く　　D. 良く

5. 私は毎晩にっきを書いてから、寝ます。

A. 日紀　　B. 記本　　C. 記録　　D. 日記

6. この本は子供むきですから、中にはたくさんの絵が描いています。

A. 無き　　B. 向き　　C. 巻き　　D. 好き

7. 私はアメリカへ単身赴任するので、つまと子供は日本にいます。

A. 家内　　B. 奥　　C. 妻　　D. 主人

8. かこのことを振り向かないで前に進んでください。

A. 過去　　B. 過往　　C. 昔　　D. 以前

二、从A、B、C、D四个选项中，选出画线部分对应的假名。

9. 夏の果物と言えば、やはりすいかですね。

A. くだもの　　B. かいもの　　C. けもの　　D. たべもの

10. 母は牛肉でカレーを作るのが好きです。

A. とりにく　　B. ぶたにく　　C. ぎゅうにく　　D. さかなにく

11. 天気予報によると、明日は晴れだそうです。

A. よくほう　　B. よほ　　C. よくぼう　　D. よほう

12. 仕事が忙しいので、夕食を食べる暇がありません。

A. ゆうしょく　　B. ちゅうしょく　　C. ちょうしょく　　D. やしょく

13. 「隣のトトロ」は宮崎駿の映画です。

A. ばかり　B. まわり　C. となり　D. あたり

14. もう少し左においてください。

A. みぎ　B. ひだり　C. まえ　D. うしろ

15. もう時間がないよ。早く準備してください。

A. じき　B. じかん　C. にちじ　D. とき

16. そういう状況で、敵か味方か、区别ができない。

A. なかま　B. はかま　C. みかた　D. ゆうがた

三、从A、B、C、D四个选项中，选出合适的选项，填入括号。

17. 10歳の時、両親が子供ができて、自分は（　　）になってとても嬉しいです。

A. 妹　B. 姉　C. 弟　D. 兄

18. 店員として、（　　）に対して、丁寧に話しなければならない。

A. お客さま　B. 後輩　C. 友達　D. 仲間

19. 「吉田くん、どうしたの？元気がないね。」

「（　　）寝坊して、ご飯を食べる暇がなくて、お腹がペコペコだよ。」

A. 昼間　B. 毎朝　C. 今朝　D. 昨夜

20. 明日の（　　）に、友達と家でパーティーをするつもりです。

A. 年末　B. 上旬　C. 誕生日　D. 新年

21. 北半球では、太陽は（　　）から昇ってきました。

A. ひがし　B. にし　C. きた　D. みなみ

22. 映画館で（　　）の席の人が高くて、何も見えませんでした。

A. うえ　B. まえ　C. うしろ　D. となり

23. 部屋が汚いから、明日（　　）します。

A. りょうり　B. きゅうけい　C. そうじ　D. せいかつ

24. A社は女性（　　）の商品を開発しています。

A. 方　B. 向き　C. 合い　D. 始め

25. マンションに引っ越した翌日に、お（　　）さんと挨拶しました。

A. 客　B. 隣　C. 相手　D. 味方

26. 食事の時、指が（　　）に切られて、とても痛いです。

A. スプーン　B. ナイフ　C. コーヒー　D. ビール

27. （　　）に特別の日に赤いペンでマークをつけます。

A. カーテン　B. カメラ　C. カレンダー　D. カロリー

28. 会議の時間は（　　）なりそうで、もう少し待っていてください。

A. ながい　B. ながき　C. ながくて　D. ながく

29. 新しいレストランは（　　）、安いです。

A. おいしい　B. おいしくない　C. おいしくて　D. おいしくなくて

30. 四川料理は日本料理より（　　）と思います。

A. からくない　B. からくて　C. からい　D. からさ

服(ふく)・靴(くつ)/衣服、鞋子

服(ふく)/衣服

□ 着物（きもの）⓪	［名］	衣服；和服
□ 浴衣（ゆかた）⓪	［名］	浴衣
□ 上着（うわぎ）⓪	［名］	外衣，上衣
□ 下着（したぎ）⓪	［名］	贴身衣服，内衣，衬衣
□ 服（ふく）②	［名］	衣服
□ 服装（ふくそう）⓪	［名］	服装，衣着
□ 洋服（ようふく）⓪	［名］	西服，西装
□ スーツ①	［名］	（英）suit 成套西装
□ シャツ①	［名］	（英）shirt 衬衫
□ ワイシャツ⓪	［名］	（英）white shirt（男）衬衫，西服衬衫
□ ズボン②①	［名］	（法）jupon 西服裤子，裤子
□ スカート②	［名］	（英）skirt 裙子
□ ティーシャツ（Tシャツ）⓪	［名］	（英）T-shirt T恤衫，短袖圆领衬衫
□ コート①	［名］	（英）coat 外套，大衣
□ セーター①	［名］	（英）sweater 毛衣
□ 着る（きる）⓪	［动2他］	穿（衣服、上衣、外套）

靴(くつ)・飾(かざ)り物(もの)/鞋子、装饰品

□ サンダル⓪①	［名］	（英）sandal 凉鞋
□ スリッパ①②	［名］	（英）slipper 拖鞋
□ 靴下（くつした）②④	［名］	袜子
□ 帽子（ぼうし）⓪	［名］	帽子

□ 手袋（てぶくろ）② ［名］ 手套
□ ネクタイ① ［名］ （英）necktie 领带
□ マフラー① ［名］ （英）muffler 围巾
□ ポケット②① ［名］ （英）pocket 口袋
□ ボタン⓪① ［名］ （葡）botão 纽扣，扣子；按钮
□ 履く（はく）⓪ ［动1他］ 穿（鞋、袜等）
□ かぶる② ［动1他］ 戴（帽子等）；蒙受
□ 巻く（まく）⓪ ［动1他］ 卷，围，绕

その他（ほか）／其他

□ 流行（りゅうこう）⓪ ［名］ 流行（的事物），时髦（的事物）
□ 材料（ざいりょう）③ ［名］ 材料，原料；资料
□ 模様（もよう）⓪ ［名］ 花纹，图案
□ 布（ぬの）⓪ ［名］ 布，布匹
□ 絹（きぬ）① ［名］ 丝绸，丝织品
□ シルク① ［名］ （英）silk 丝绸
□ 袖（そで）⓪ ［名］ 袖子
□ 地味（じみ）② ［形2］ 朴素，质朴
□ 派手（はで）② ［形2］ 花哨，鲜艳，华丽

例文（れいぶん）／例句

1. 田中社長は会議を出席するために洋服を着ています。
2. デパートは飾り物がいっぱい飾ってあります。
3. 最近、地味な模様のシルクは流行です。
4. 母が編んでくれたセーターはとてもきれいです。
5. 「このマフラーを巻いている人が鈴木さんですか。」
「いいえ、違います。鈴木さんはあの黒い帽子をかぶってサンダルを履いている人ですよ。」

第六章课后练习

问题一 写出下列日语单词对应的平假名。

1. 着る ________________　2. 着物 ________________
3. 流行 ________________　4. 巻く ________________
5. 材料 ________________　6. 布 ________________
7. 靴下 ________________　8. 服装 ________________
9. 地味 ________________　10. 派手 ________________
11. 手袋 ________________　12. 浴衣 ________________
13. 洋服 ________________　14. 模様 ________________
15. 絹 ________________　16. 履く ________________

问题二 根据句子，选择合适的单词，并填入括号。

a. 派手　b. 靴下　c. 手袋　d. ネクタイ

1. 寒いですから、（　　）をつけてください。
2. 彼女は（　　）な服を買うのが好きです。
3. ワイシャツは（　　）を合わせて着るものです。
4. 彼は小さすぎて、まだ自分で（　　）が履けない。

e. 材料　f. 流行　g. 地味　h. 模様

5. 高橋さんは（　　）を追うのが好きで、よくファッション雑誌を読んでいます。
6. 吉田さんは小説の（　　）を集めています。
7. この服にはきれいな（　　）が描かれています。
8. 彼は（　　）なシャツを着ています。

町（まち）・街（まち）/城镇、街道

商店街（しょうてんがい）/商业街

□ 薬局（やっきょく）⓪	［名］	药店
□ 喫茶店（きっさてん）⓪③	［名］	咖啡馆，茶馆
□ 映画館（えいがかん）③	［名］	电影院
□ 美容院（びよういん）②	［名］	美容院（指从事美容美发的店铺）
□ 八百屋（やおや）⓪	［名］	蔬菜店
□ 売店（ばいてん）⓪	［名］	小卖部，商店
□ 売り場（うりば）⓪	［名］	卖场
□ 老舗（しにせ）⓪	［名］	老铺子，老字号
□ コンビニ⓪	［名］	（英）convenience store 便利店
□ デパート②	［名］	（英）department store 百货商店，百货公司
□ スーパー①	［名］	（英）supermarket 超市

公共施設（こうきょうしせつ）/公共设施

□ 施設（しせつ）①	［名］	设施
□ 建築（けんちく）⓪	［名］	建筑，建筑物
□ 建物（たてもの）②③	［名］	建筑物
□ 銀行（ぎんこう）⓪	［名］	银行
□ 病院（びょういん）⓪	［名］	医院
□ 郵便局（ゆうびんきょく）③	［名］	邮局

□ 図書館（としょかん）② ［名］ 图书馆

□ 博物館（はくぶつかん）④③ ［名］ 博物馆

□ 公園（こうえん）⓪ ［名］ 公园

□ 交番（こうばん）⓪ ［名］ 派出所

□ 神社（じんじゃ）① ［名］ 神社

□ 橋（はし）② ［名］ 桥

□ 駅（えき）① ［名］ 车站

□ 駐車場（ちゅうしゃじょう）⓪ ［名］ 停车场

□ 停留所（ていりゅうじょ）⓪ ［名］ （公交汽车等的）车站

□ 広場（ひろば）①② ［名］ 广场

□ 道（みち）⓪ ［名］ 道路

□ 道路（どうろ）① ［名］ 道路

□ 歩道（ほどう）⓪ ［名］ 人行道

□ 通り（とおり）③ ［名］ 街道，马路；（以“～どおり”的形式接在表示道路的名词后）……路

□ 大通り（おおどおり）③ ［名］ 大街，大马路

□ 並木（なみき）⓪ ［名］ 行道树

□ 名所旧跡（めいしょきゅうせき）⓪ ［名］ 名胜古迹

□ 坂（さか）②① ［名］ 斜坡，坡道

□ 港（みなと）⓪ ［名］ 港口，码头

□ ベンチ① ［名］ （英）bench 长凳

□ ポスト① ［名］ （英）post 邮筒，信箱

□ アパート② ［名］ （英）apartment house 公寓

□ マンション① ［名］ （英）mansion（高级）公寓

□ ホテル① ［名］ （英）hotel 酒店，旅馆

□ ビル① ［名］ （英）building 大楼，大厦

その他（ほか）／其他

□ 都会（とかい）⓪ ［名］ 都市，城市

□ **都市（とし）①**　［名］　都市，城市

□ **市（し）①**　［名］　市场，集市；城市

□ **村（むら）②**　［名］　村子，村落

例文/例句

1. 郵便局へ行って、家族に荷物を送ります。
2. デパートの中に喫茶店と美容院があります。
3. 「あそこの建物は何ですか。」

   「あれはマンションですよ。」
4. 公園の景色はすばらしいです。

第七章课后练习

问题一 写出下列日语单词对应的平假名。

1. 喫茶店 ____________　　2. 交番 ____________
3. 駐車場 ____________　　4. 図書館 ____________
5. 停留所 ____________　　6. 広場 ____________
7. 歩道 ____________　　8. 施設 ____________
9. 都会 ____________　　10. 建築 ____________
11. 町 ____________　　12. 病院 ____________
13. 大通り ____________　　14. 都市 ____________
15. 橋 ____________　　16. 駅 ____________
17. 港 ____________　　18. 坂 ____________
19. 並木 ____________　　20. 名所旧跡 ____________

问题二 根据句子，选择合适的单词，并填入括号。

a. 公園　　b. 美容院　　c. 美術館　　d. 八百屋

1. 「きれいな髪ですね。」
「ありがとうございます。昨日、（　　）に行ってきれいにしてもらいました。」
2. 帰りに（　　）へ野菜を買いに行きました。
3. 子供たちが（　　）で楽しく遊んでいるのを見ました。
4. 芸術品を鑑賞するのが好きだから、休みの時、いつも（　　）へ行きます。

e. ホテル　　f. アパート　　g. 港　　h. 景色

5. スケジュールによると、この船は横浜の（　　）に入ることになります。
6. 山の上からとても素晴らしい（　　）が見られます。
7. 今住んでいる（　　）は会社までとても近いで、10分歩けば着きます。
8. 今は旅行のシーズンですから、先に（　　）を予約したほうがいいよ。

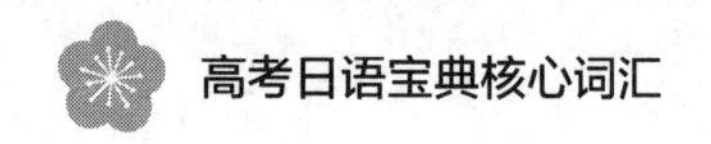

第八章

交通機関（こうつうきかん）/公共交通

乗り物（のりもの）/交通工具

□ 汽車（きしゃ）②①	［名］	火车，列车
□ 車（くるま）⓪	［名］	汽车
□ 電車（でんしゃ）⓪①	［名］	电车
□ 急行（きゅうこう）⓪	［名］	特快列车
□ 地下鉄（ちかてつ）⓪	［名］	地铁
□ 新幹線（しんかんせん）③	［名］	新干线
□ 飛行機（ひこうき）②	［名］	飞机
□ 船（ふね）①	［名］	船，舟
□ 自転車（じてんしゃ）②⓪	［名］	自行车
□ オートバイ③	［名］	（英）auto bicycle 摩托车
□ タクシー①	［名］	（英）taxi 出租车
□ ヘリコプター③	［名］	（英）helicopter 直升机
□ バス①	［名］	（英）bus 巴士，公共汽车
□ ボート①	［名］	（英）boat 小船

交通施設（こうつうしせつ）/交通设施

□ 空港（くうこう）⓪	［名］	机场
□ 鉄道（てつどう）⓪	［名］	铁路，铁道
□ 車道（しゃどう）⓪	［名］	车道，车行路
□ 交差点（こうさてん）⓪③	［名］	十字路口，交叉路口；交叉点
□ トンネル⓪	［名］	（英）tunnel 隧道

例文（れいぶん）／例句

1. 李（り）さんは毎日（まいにち）自転車（じてんしゃ）で学校（がっこう）へ行（い）きます。
2. 地下鉄（ちかてつ）より、新幹線（しんかんせん）のほうがずっと速（はや）いです。
3. 早（はや）めに空港（くうこう）に着（つ）きたいなら、急行（きゅうこう）で行（い）ったほうがいいです。
4. 次（つぎ）の交差点（こうさてん）を右（みぎ）に曲（ま）がってください。

第八章课后练习

问题一　写出下列日语单词对应的平假名。

1. 乗り物 ________________　　2. 鉄道 ________________
3. 飛行機 ________________　　4. 汽車 ________________
5. 新幹線 ________________　　6. 電車 ________________
7. 車道 ________________　　8. 地下鉄 ________________
9. 自転車 ________________　　10. 船 ________________
11. 空港 ________________　　12. 交差点 ________________

问题二　根据句子，选择合适的单词，并填入括号。

a. バス　　b. 自転車　　c. 車　　d. タクシー

1. 「もう遅いですから、終電はもうないと思います。どうしましょう？」
　「じゃ、（　　）を拾って一緒に帰りましょう。」
2. 「ほら、2人で（　　）に乗るのは危ないですよ。」
　「ごめんなさい。」
3. バス停で（　　）を待っているうちに、雨が降り始めました。
4. 今日は母が（　　）を運転して学校まで送ってくれました。

e. ボート　　f. トンネル　　g. ヘリコプター　　h. オートバイ

5. 日曜日、友達と頤和園で（　　）に乗って観光したいと思います。
6. 騒がしいと思ったら、（　　）が空を飛んでいるのを見ました。
7. （　　）を渡る時、車のライトをつけてください。
8. 自転車より、（　　）のほうが速いです。

家（いえ）/房屋

部屋（へや）/房间

□ 玄関（げんかん）①	［名］	门口，正门，玄关
□ 壁（かべ）⓪	［名］	墙壁；阻碍
□ 窓（まど）①	［名］	窗户
□ 門（もん）①	［名］	门，大门
□ ドア①	［名］	（英）door 门，房门
□ 床（ゆか）⓪	［名］	地板
□ 屋根（やね）①	［名］	屋顶，房顶
□ 天井（てんじょう）⓪	［名］	顶棚，天花板
□ 廊下（ろうか）⓪	［名］	走廊
□ 床の間（とこのま）⓪	［名］	壁龛（设在日式房间正面上座背后，比地板高出，悬挂图画、陈设花瓶等装饰品的地方）
□ 障子（しょうじ）⓪	［名］	拉窗，拉门
□ 畳（たたみ）⓪	［名］	榻榻米，草席
□ 庭（にわ）⓪	［名］	庭院，院子
□ 芝生（しばふ）⓪	［名］	草坪
□ 手洗い（てあらい）②	［名］	洗手；洗手间，厕所
□ 台所（だいどころ）⓪	［名］	厨房
□ 住所（じゅうしょ）①	［名］	住所，住址，住处
□ お宅（おたく）⓪	［名］	您家，府上；御宅族
□ ホーム①	［名］	（英）home 家，家庭
□ トイレ①	［名］	（英）toilet 洗手间，厕所

家具(かぐ)・家電(かでん)／家具、家用电器

□ 戸棚（とだな）⓪ ［名］ 橱，柜
□ 本棚（ほんだな）① ［名］ 书架
□ 机（つくえ）⓪ ［名］ 桌子
□ 鏡（かがみ）③ ［名］ 镜子
□ たんす⓪ ［名］ 衣柜，衣橱
□ カーテン① ［名］ （英）curtain 窗帘
□ テーブル⓪ ［名］ （英）table 桌子
□ 椅子（いす）⓪ ［名］ 椅子
□ ソファー① ［名］ （英）sofa 沙发
□ ロッカー① ［名］ （英）locker 物品寄存柜
□ ベッド① ［名］ （英）bed 床
□ スタンド⓪ ［名］ （英）stand 台，座
□ 道具（どうぐ）③ ［名］ 工具
□ 電気（でんき）① ［名］ 电；电灯
□ 電灯（でんとう）⓪ ［名］ 电灯
□ 冷蔵庫（れいぞうこ）③ ［名］ 冰箱
□ 洗濯機（せんたくき）④③ ［名］ 洗衣机
□ エアコン⓪ ［名］ （英）air conditioning 空调
□ ストーブ② ［名］ （英）stove 炉子，火炉
□ スイッチ②① ［名］ （英）switch 开关
□ ガス① ［名］ （英）gas 瓦斯；气体

日用品(にちようひん)／日用品

□ 鍵（かぎ）② ［名］ 钥匙
□ 傘（かさ）① ［名］ 伞
□ 枕（まくら）① ［名］ 枕头
□ 布団（ふとん）⓪ ［名］ 被子，被褥

□ **毛布（もうふ）①**	［名］	毛毯，毯子
□ **タオル①**	［名］	（英）towel 毛巾
□ **カップ①**	［名］	（英）cup 杯子，茶杯
□ **歯ブラシ（はぶらし）②**	［名］	牙刷
□ **留守番電話（るすばんでんわ）⑤**	［名］	电话答录机；电话留言

その他／其他

□ **ホームステイ⑤**	［名］	（英）homestay 寄宿家庭
□ **家賃（やちん）①**	［名］	房租

例文／例句

1. 寒いですね。窓を閉めましょう。
2. 庭の芝生は緑になって、春の感じがします。
3. 先週、社長に引っ越し祝いの冷蔵庫をもらいました。
4. 家の鍵を忘れたので、帰る前に母に電話します。

第九章课后练习

问题一 写出下列日语单词对应的平假名。

1. 玄関 ____________　　2. 壁 ____________
3. 塀 ____________　　4. 天井 ____________
5. 屋根 ____________　　6. 芝生 ____________
7. 台所 ____________　　8. 本棚 ____________
9. 電気 ____________　　10. 住所 ____________
11. 庭 ____________　　12. 鏡 ____________
13. 冷蔵庫 ____________　　14. 傘 ____________
15. 戸棚 ____________　　16. 電灯 ____________
17. 枕 ____________　　18. 洗濯機 ____________
19. 廊下 ____________　　20. 毛布 ____________

问题二 根据句子，选择合适的单词，并填入括号。

a. 電灯　　b. 畳　　c. 廊下　　d. 台所

1. 休みの時、（　　）で料理を作るのが好きです。
2. （　　）の部屋に入るとき、靴を脱いでください。
3. 暗いですから、（　　）のスイッチを入れてください。
4. 学校の（　　）では、走ってはいけません。

e. エアコン　　f. タオル　　g. カーテン　　h. テーブル

5. 今日は暑いですから、（　　）をつけたほうがいいと思います。
6. 「もう朝10時だよ。早く起きなさい。」
   「今日は日曜日だから、（　　）を閉めて寝かせてよ。」
7. 昨日宿題を部屋の（　　）に置いてしまって、今日は持ってくるのを忘れました。
8. 「外は急に雨が降り出して、びしょ濡れだよ。」
   「風邪を引いたら大変、早くこの（　　）で拭いて。」

第十章

自然（しぜん）1／自然1

環境（かんきょう）／环境

□ 地球（ちきゅう）⓪	［名］	地球
□ 太陽（たいよう）①	［名］	太阳
□ 日（ひ）⓪	［名］	太阳
□ 月（つき）②	［名］	月亮
□ 月日（つきひ）②	［名］	月亮和太阳
□ 星（ほし）⓪	［名］	星星
□ 光（ひかり）③	［名］	光，光芒
□ 空気（くうき）①	［名］	空气
□ 大気（たいき）①	［名］	大气，空气
□ 酸素（さんそ）①	［名］	氧气
□ 二酸化炭素（にさんかたんそ）⑤	［名］	二氧化碳
□ 風（かぜ）⓪	［名］	风
□ 空（そら）①	［名］	天空
□ 雲（くも）①	［名］	云
□ 景色（けしき）①	［名］	景色，风景
□ 海（うみ）①	［名］	海，大海
□ 川（かわ）②	［名］	河，河流，河川
□ 湖（みずうみ）③	［名］	湖
□ 波（なみ）②	［名］	波浪，波涛
□ 池（いけ）②	［名］	水池，池塘
□ 海岸（かいがん）⓪	［名］	海岸，海边
□ 陸（りく）⓪②	［名］	陆地

□ 平野（へいや）⓪	［名］	平原，平野
□ 山（やま）②	［名］	山
□ 頂上（ちょうじょう）③	［名］	顶峰，山顶，山巅
□ 富士山（ふじさん）①	［名］	富士山
□ 谷（たに）②	［名］	山谷，山涧
□ 岩（いわ）②	［名］	岩石
□ 石（いし）②	［名］	石头
□ 砂（すな）⓪	［名］	沙子
□ 土（つち）②	［名］	土地，地面；土壤
□ 畑（はたけ）⓪	［名］	旱田，田地
□ たんぼ⓪	［名］	田地，庄稼地

植物（しょくぶつ）／植物

□ 森（もり）⓪	［名］	森林
□ 木（き）①	［名］	树，树木
□ 葉（は）⓪	［名］	叶，叶子
□ 芽（め）①	［名］	芽；萌芽
□ 根（ね）①	［名］	根
□ 枝（えだ）⓪	［名］	枝
□ 花（はな）②	［名］	花
□ 草（くさ）②	［名］	草
□ 林（はやし）⓪	［名］	林，树林
□ 松（まつ）①	［名］	松，松树
□ 柳（やなぎ）⓪	［名］	柳，柳树
□ 竹（たけ）⓪	［名］	竹子
□ 紅葉（もみじ）①	［名］	枫叶，红叶
□ 桜（さくら）⓪	［名］	樱花
□ 種（たね）①	［名］	种子
□ 種まき（たねまき）②	［名］	播种

気候（きこう）・災害（さいがい）／气候、自然灾害

□ 天気（てんき）①	［名］	天气；好天气，晴天
□ 火（ひ）①	［名］	火
□ 雨（あめ）①	［名］	雨
□ 雪（ゆき）②	［名］	雪
□ 霧（きり）⓪	［名］	雾
□ 雷（かみなり）③④	［名］	雷
□ 梅雨（つゆ）⓪	［名］	梅雨，梅雨季节
□ 温度（おんど）①	［名］	温度
□ 気温（きおん）⓪	［名］	气温
□ 地震（じしん）⓪	［名］	地震
□ 震度（しんど）①	［名］	（地震）烈度，震度
□ 台風（たいふう）③	［名］	台风
□ 火山（かざん）①	［名］	火山
□ 噴火（ふんか）⓪	［名］	火山爆发
□ 津波（つなみ）⓪	［名］	海啸
□ 火事（かじ）①	［名］	火灾；失火

例文（れいぶん）／例句

1. 秋（あき）の野山（のやま）は紅葉（もみじ）が美（うつく）しいです。
2. この頃（ごろ）は温度（おんど）の変化（へんか）が激（はげ）しいです。
3. 公園（こうえん）には花（はな）や松（まつ）や草（くさ）などがあります。
4. 田舎（いなか）で自然（しぜん）の懐（ふところ）に抱（だ）かれて暮（く）らしたいです。

第十章课后练习

问题一 写出下列日语单词对应的平假名。

1. 地震 ________________　2. 天気 ________________
3. 台風 ________________　4. 湖 ________________
5. 火事 ________________　6. 海岸 ________________
7. 畑 ________________　8. 農産物 ________________
9. 梅雨 ________________　10. 酸素 ________________
11. 作物 ________________　12. 雨 ________________
13. 地球 ________________　14. 雪 ________________

问题二 根据句子，选择合适的单词，并填入括号。

a. 地球　b. 曇　c. 農産物　d. 火事

1. （　　）一つもない空を見上げて、心が落ち着きます。
2. たばこの吸い殻の不始末から（　　）になりました。
3. 水星、火星、（　　）などはみんな太陽の周りを回ります。
4. 今年は（　　）がたいへんよい年です。

e. 津波　f. 梅雨　g. 芽　h. 星

5. 夜空には（　　）がたくさんあります。
6. 土から花の（　　）が出ました。
7. 地震によって、（　　）が起こりました。
8. （　　）に入ってから、食べ物が腐りやすいです。

自然(しぜん)2／自然2

季節(きせつ)／季节

□ 四季（しき）②①	［名］	四季
□ シーズン①	［名］	（英）season 季节
□ 春（はる）①	［名］	春
□ 夏（なつ）②	［名］	夏
□ 秋（あき）①	［名］	秋
□ 冬（ふゆ）②	［名］	冬
□ 暑い（あつい）②	［形1］	炎热的（多用于形容天气热）
□ 蒸し暑い（むしあつい）④	［形1］	闷热的
□ 暖かい（あたたかい）④	［形1］	暖和的，温暖的
□ 寒い（さむい）②	［形1］	冷的，寒冷的
□ 涼しい（すずしい）③	［形1］	凉爽的，凉快的

資源(しげん)／资源

□ 石炭（せきたん）③	［名］	煤，煤炭
□ 石油（せきゆ）⓪	［名］	石油
□ 金属（きんぞく）①	［名］	金属
□ 金（きん）①	［名］	金；黄金
□ 銀（ぎん）①	［名］	银；白银
□ 温泉（おんせん）⓪	［名］	温泉；温泉浴场

動物（どうぶつ）／动物

□ 犬（いぬ）②　［名］　狗

□ 猫（ねこ）①　［名］　猫

□ 鳥（とり）⓪　［名］　鸟

□ 小鳥（ことり）⓪　［名］　小鸟

□ 牛（うし）⓪　［名］　牛

□ 馬（うま）②　［名］　马

□ 鶏（にわとり）⓪　［名］　鸡

□ ねずみ⓪　［名］　老鼠

□ パンダ①　［名］　（英）panda 熊猫

□ 虫（むし）⓪　［名］　虫子，昆虫

□ 金魚（きんぎょ）①　［名］　金鱼

その他（ほか）／其他

□ 農家（のうか）①　［名］　农户，农家

□ 作物（さくもつ）②　［名］　农作物

□ 農業（のうぎょう）①　［名］　农业

□ 農産物（のうさんぶつ）③　［名］　农产品

□ 供給（きょうきゅう）⓪　［名／动3他］　供给，供应

□ 巣（す）①⓪　［名］　巢，穴，窝

□ 公害（こうがい）⓪　［名］　公害

□ 生命（せいめい）①③　［名］　生命，性命

□ 命（いのち）①　［名］　生命

例文(れいぶん)／例句

1. 秋(あき)に入(はい)ると、朝夕(あさゆう)はだいぶ涼(すず)しくなりました。
2. 最近(さいきん)の天気(てんき)は寒(さむ)くなったり熱(あつ)くなったりします。
3. 昆明(こんめい)の気候(きこう)は 暖(あたた)かく、四季(しき)を通(つう)じて春(はる)みたいです。
4. 政府(せいふ)は公害問題(こうがいもんだい)に対(たい)して、具体的(ぐたいてき)な対策(たいさく)を取(と)りました。
5. 月日(つきひ)の経(た)つのがはやいですね。

第十一章课后练习

问题一 写出下列日语单词对应的平假名。

1. 公害 ____________　　2. 供給 ____________
3. 石油 ____________　　4. 金魚 ____________
5. 蒸し暑い ____________　　6. 秋 ____________
7. 冬 ____________　　8. 暖かい ____________
9. 温泉 ____________　　10. 猫 ____________
11. 農家 ____________　　12. 頂上 ____________
13. 石炭 ____________　　14. 牛 ____________

问题二 根据句子，选择合适的单词，并填入括号。

a. 農家　b. 供給　c. 金属　d. 生命

1. 戦争で多くの(　　)が失われました。
2. 彼は子供の時(　　)で育ちました。
3. 需要と(　　)のバランスがくずれる。
4. (　　)は熱で溶けます。

e. 蒸し暑　f. 頂上　g. 石炭　h. 春

5. 今年こそ富士山の(　　)を征服します。
6. 寒いですから、(　　)を燃料にします。
7. (　　)になると、花が咲きます。
8. ゆうべは(　　)かったので、よく眠れなかった。

テスト 2 ／测试 2

一、从A、B、C、D四个选项中，选出画线部分对应的汉字。

1. 公園で遊ぶなら、しばふに入るべからず。

   A. 草地　　B. 芝居　　C. 芝池　　D. 芝生

2. ほんだなにはいろいろな本があります。

   A. 戸棚　　B. 本棚　　C. 本日　　D. 本当

3. 彼女の部屋はろうかを突き当たった所です。

   A. 廊下　　B. 屋根　　C. 窓　　D. 塀

4. たたみを上げて掃除してください。

   A. 門　　B. 庭　　C. 台所　　D. 畳

5. この大きないわは５人の若者でさえ運ぶことができません。

   A. 林　　B. 岩　　C. 森　　D. 山

6. 田中さんはてつどうの通じていない村で働きます。

   A. 地下鉄　　B. 新幹線　　C. 鉄道　　D. 飛行機

7. 日本人は普通、家に入って、げんかんで靴を脱ぎます。

   A. 天井　　B. 障子　　C. 壁　　D. 玄関

8. この船は海上でにつなみにおそわれました。

   A. 地震　　B. 津波　　C. 台風　　D. 火山

9. 雨の日、木の下に立つと、かみなりに打たれるおそれがあります。

   A. 雷電　　B. 雷　　C. 梅雨　　D. 霧

10. くもひとつもない空を飛行機が飛んでいきました。

    A. 曇　　B. 風　　C. 川　　D. 池

11. 今日はすずしくてコートを着なくてもいいですよ。

    A. 蒸し暑くて　　B. 暖かくて　　C. 寒くて　　D. 涼しくて

12. しきの移り変わりに従って、彼はだんだん大きくなりました。

    A. 秋　　B. 時間　　C. 四季　　D. 季節

二、从A、B、C、D四个选项中，选出画线部分对应的假名。

13. 流行を追うのが彼女の趣味です。

A. りゅうこ　B. りゅうこう　C. りょうこ　D. りょこ

14. 風邪を引いたから、薬局へ薬を買いに行きます。

A. やきょく　B. やきく　C. やっきょく　D. やっきゅう

15. 天津にはたくさんの洋風の建築があります。

A. けんちく　B. けいちく　C. けんたい　D. けいたい

16. 私たちは自然環境を大切にしなければなりません。

A. かいきょう　B. かんきょう　C. かんきょく　D. かんきん

17. 木村さんは毎日自転車で通勤します。

A. じでんしゃ　B. じてんしゃ　C. じどうしゃ　D. してんしゃ

18. この箱には自動車修理に使う道具があります。

A. どうぐ　B. どぐ　C. どうく　D. どく

19. 魚を冷蔵庫に入れてください。

A. れいぞこ　B. れんぞうこ　C. れいぞうこう　D. れいぞうこ

20. 大根の芽が出始めました。

A. ね　B. め　C. き　D. は

21. 秋の時、吉野山の紅葉がとてもきれいです。

A. まみじ　B. あかじ　C. もつ　D. もみじ

22. 今日は作物によい天気です。

A. さくもつ　B. さくぶつ　C. さくもの　D. そうぶつ

23. 夏休みにふるさとへ帰って、農民たちが畑を作る姿を見ました。

A. いけ　B. やま　C. へいや　D. はたけ

24. 郵便局へ荷物を出しに行きましょう。

A. ゆひんきょく　B. ゆうびんきょく

C. ゆうびんきょう　D. ゆびんきょう

三、从A、B、C、D四个选项中，选出合适的选项，填入括号。

25. あの（　　）をかけている人が田中さんです。

A. 帽子　B. ネクタイ　C. 眼鏡　D. ゆかた

26. この着物の（　　）はきれいですね。

A. 模様　B. 材料　C. 値段　D. 心地

27. 電力の（　　）が不足なので、この町は停電しました。

A. 給料　B. 協力　C. 供給　D. 吸収

28. 緊張した（　　）に包まれました。

A. 大気　B. 空気　C. 気質　D. 気分

29. 帽子を（　　）に吹き飛ばされました。

A. かぜ　B. あめ　C. ゆき　D. はな

30. 石油や鉱石などは（　　）の恵みだと思います。

A. 自然　B. 山　C. 太陽　D. 月

31. 新聞は時代のよき（　　）です。

A. 鏡　B. 机　C. 道具　D. 傘

32. 田中先生、明日（　　）にお伺いしてもよろしいでしょうか

A. 家　B. お宅　C. 住所　D. 部屋

33. アイドルを迎えるファンが多くて、（　　）が混雑しています。

A. ポスト　B. 自動車　C. 自転車　D. 空港

34. この町は公共（　　）が不足しています。

A. 景色　B. 施設　C. 建築　D. 橋

35. お母さんはよくあの人気の（　　）に行って、買い物をします。

A. 郵便局　B. 病院　C. 美容院　D. デパート

36. 木村さんは今日（　　）をしめています。

A. ネクタイ　B. 帽子　C. 靴下　D. サンダル

37. このデパートの一階は食料品の売り場で、肉屋や（　　）などが多いです。

A. 銀行　B. 神社　C. 駅　D. 八百屋

38. コーヒーを飲みたいから、一緒に（　　）に行きましょう。

A. 博物館　B. 図書館　C. 喫茶店　D. 映画館

39. 昨日、子供を連れて（　　）でボートに乗りました。

A. 公園　B. 売店　C. 交番　D. 道路

40. （　　）で食べ物が腐りました。

A. 火事　B. 台風　C. 雷　D. 梅雨

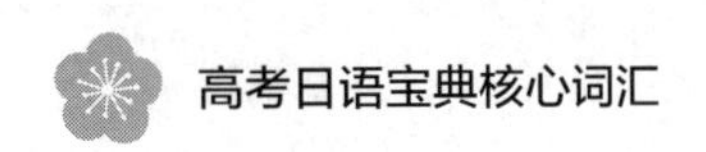

学校(がっこう)/学校

施設(しせつ)・活動(かつどう)/设施、活动

□ 学校(がっこう)⓪	[名]	学校
□ 小学校(しょうがっこう)③	[名]	小学
□ 中学校(ちゅうがっこう)③	[名]	初中
□ 高校(こうこう)⓪	[名]	高中
□ 大学(だいがく)⓪	[名]	大学
□ 大学院(だいがくいん)④	[名]	研究生院
□ 塾(じゅく)①	[名]	私塾，塾
□ 校庭(こうてい)⓪	[名]	操场，校园
□ 運動場(うんどうじょう)⓪	[名]	运动场，操场
□ 寮(りょう)①	[名]	宿舍
□ 食堂(しょくどう)⓪	[名]	食堂
□ 教室(きょうしつ)⓪	[名]	教室，培训班
□ 黒板(こくばん)⓪	[名]	黑板
□ 席(せき)①	[名]	席位
□ 階段(かいだん)⓪	[名]	楼梯，台阶
□ 受験(じゅけん)⓪	[名/动3自他]	应试，报考
□ 試験(しけん)②	[名]	考试
□ 合格(ごうかく)⓪	[名/动3自]	合格
□ 入学(にゅうがく)⓪	[名/动3自]	入学
□ 授業(じゅぎょう)①	[名/动3自]	上课，授课
□ 勉強(べんきょう)⓪	[名/动3自他]	学习

□ 予習（よしゅう）⓪ ［名/动3他］ 预习
□ 復習（ふくしゅう）⓪ ［名/动3他］ 复习
□ 欠席（けっせき）⓪ ［名/动3自］ 缺席
□ 放課後（ほうかご）⓪ ［名］ 放学后
□ 卒業（そつぎょう）⓪ ［名/动3他］ 毕业
□ 文化祭（ぶんかさい）③ ［名］ 文化活动
□ 修学旅行（しゅうがくりょこう）⑤ ［名］ 修学旅行

クラス／班级

□ 先生（せんせい）③ ［名］ 教师，老师；先生，大夫（对教师、医生等的敬称）
□ 担任（たんにん）⓪ ［名/动3他］ 班主任；担任，担当
□ 学生（がくせい）⓪ ［名］ 学生（多指大学生）
□ 生徒（せいと）① ［名］ 学生（多指中小学生）
□ 手本（てほん）② ［名］ 范本，楷模，模范，榜样
□ 当番（とうばん）① ［名］ 值日（生），值班（人）
□ 同級生（どうきゅうせい）③ ［名］ 同级的学生
□ クラスメート④ ［名］ （英）classmate 同班同学

科目（かもく）／科目

□ 英語（えいご）⓪ ［名］ 英语
□ 国語（こくご）⓪ ［名］ 日语课
□ 数学（すうがく）⓪ ［名］ 数学
□ 物理（ぶつり）① ［名］ 物理
□ 化学（かがく）① ［名］ 化学
□ 科学（かがく）① ［名］ 科学
□ 地理（ちり）① ［名］ 地理
□ 歴史（れきし）⓪ ［名］ 历史

□ 体育（たいいく）①	［名］	体育
□ 美術（びじゅつ）①	［名］	美术
□ 文科（ぶんか）①	［名］	文科
□ 理科（りか）①	［名］	理科
□ 宿題（しゅくだい）⓪	［名］	课外作业，家庭作业
□ 作文（さくぶん）⓪	［名］	作文
□ 成績（せいせき）⓪	［名］	成绩
□ 課題（かだい）⓪	［名］	题目；课题
□ 学問（がくもん）②	［名］	学问，学识
□ 論文（ろんぶん）⓪	［名］	论文
□ レポート⓪	［名］	（英）report 报告
□ 発表（はっぴょう）⓪	［名／动3他］	发布，发表，公布，汇报

文房具（ぶんぼうぐ）・本（ほん）／文具、书

□ 消しゴム（けしゴム）⓪	［名］	橡皮
□ 定規（じょうぎ）①	［名］	尺，规尺
□ 万年筆（まんねんひつ）③	［名］	钢笔，自来水笔
□ 鉛筆（えんぴつ）⓪	［名］	铅笔
□ ペン③	［名］	（英）pen 钢笔
□ 教科書（きょうかしょ）③	［名］	教科书
□ 参考書（さんこうしょ）⑤⓪	［名］	参考书
□ 辞書（じしょ）①	［名］	词典，字典
□ 電子辞書（でんしじしょ）④	［名］	电子词典

その他（ほか）／其他

□ 知識（ちしき）①	［名］	知识
□ 成果（せいか）①	［名］	成果，成绩，成就

□学者（がくしゃ）⓪	［名］	学者
□指導（しどう）⓪	［名／动3他］	指导
□教養（きょうよう）⓪	［名］	教养，修养
□教育（きょういく）⓪	［名／动3他］	教育
□制服（せいふく）⓪	［名］	制服
□給食（きゅうしょく）⓪	［名／动3自］	供餐，供食
□骨（こつ）⓪	［名］	秘诀，敲门，要领
□躾（しつけ）⓪	［名］	教育，管教，教养
□メモ①	［名／动3他］	（英）memo 笔记，记录，备忘录

例文（れいぶん）／例句

1. 高校時代（こうこうじだい）、修学旅行（しゅうがくりょこう）をしたことがあります。
2. 私（わたし）は食堂（しょくどう）へ行（い）くと、親子丼（おやこどん）を食（た）べます。
3. 大学（だいがく）の先生（せんせい）はいつもいろいろな知識（ちしき）を教（おし）えてくれます。
4. 運動場（うんどうじょう）でジョギングするのが大好（だいす）きです。

第十二章课后练习

问题一 写出下列日语单词对应的平假名。

1. 運動場 ________
2. 給食 ________
3. 学校 ________
4. 英語 ________
5. 食堂 ________
6. 学生 ________
7. 勉強 ________
8. 欠席 ________
9. 復習 ________
10. 試験 ________
11. 教室 ________
12. 合格 ________
13. 同級生 ________
14. 校庭 ________
15. 美術館 ________
16. 卒業 ________
17. 物理 ________
18. 学問 ________
19. 宿題 ________
20. 定規 ________
21. 成績 ________
22. 制服 ________
23. 辞書 ________
24. 成果 ________
25. 万年筆 ________
26. 受験 ________
27. 知識 ________
28. 論文 ________

问题二 根据句子，选择合适的单词，并填入括号。

a. 成果　b. 合格　c. 授業　d. 教養

1. 今日の（　　）はこれで終わります。
2. 三か月の努力によって、いい（　　）をあげました。
3. 子どもたちは教育を受けて、（　　）を身につけます。
4. 検査に（　　）した商品を選びます。

e. 成績　　f. 辞書　　g. 試験　　h. 予習

5. 来週の授業のために、十分に（　　）してください。

6. 今年、わが社は大きな（　　）をおさめました。

7. 分からない単語があったら（　　）で調べましょう。

8. 東京大学の入学（　　）に落第しました。

職業・仕事/职业、工作

職業/职业

□医者（いしゃ）⓪	［名］	医生
□受付（うけつけ）⓪	［名］	接待员；接待处；受理，接受
□看護師（かんごし）③	［名］	护士
□技師（ぎし）①	［名］	技师，工程师
□警察（けいさつ）⓪	［名］	警察
□作者（さくしゃ）①	［名］	作者，作家
□作曲家（さっきょくか）⓪	［名］	作曲家
□大工（だいく）①	［名］	木匠，木工
□翻訳（ほんやく）⓪	［名/动3他］	翻译（多指笔译）；笔译人员
□通訳（つうやく）①	［名/动3自他］	翻译（多指口译）；口译人员
□店員（てんいん）⓪	［名］	店员
□俳優（はいゆう）⓪	［名］	演员
□教師（きょうし）①	［名］	教师，教员，老师
□係（かかり）①	［名］	担当者，负责人
□大臣（だいじん）①	［名］	大臣，部长
□裁判（さいばん）①	［名/动3他］	裁判
□マスター①	［名/动3他］	（英）master 主人，雇主，老板；掌握
□サラリーマン③	［名］	（和）salaried man 工薪族
□ジャーナリスト④	［名］	（英）journalist 记者，编辑，新闻工作者
□スタッフ②	［名］	（英）staff 工作人员

仕事（しごと）／工作

- □ 会議（かいぎ）① ［名／动3自］ 会议，集会
- □ 会社（かいしゃ）⓪ ［名］ 公司
- □ 会場（かいじょう）⓪ ［名］ 会场
- □ 記録（きろく）⓪ ［名／动3他］ 记载，记录
- □ 経営（けいえい）⓪ ［名／动3他］ 经营
- □ 計画（けいかく）⓪ ［名／动3他］ 计划，谋划，规划
- □ 工事（こうじ）① ［名／动3他］ 工程，施工
- □ 事（こと）② ［名］ 事物，情况
- □ 作業（さぎょう）① ［名／动3自］ 工作；操作，作业；劳动
- □ 事務（じむ）① ［名］ 事务
- □ 出張（しゅっちょう）⓪ ［名／动3自］ 出差
- □ 図表（ずひょう）⓪ ［名］ 图表
- □ 通勤（つうきん）⓪ ［名／动3自］ 通勤，上下班
- □ 電話（でんわ）⓪ ［名／动3自］ 电话；打电话
- □ 貿易（ぼうえき）⓪ ［名／动3自］ 贸易
- □ 面接（めんせつ）⓪ ［名／动3自］ 接见；面试
- □ 役（やく）② ［名］ 任务，工作；职务
- □ 予定（よてい）⓪ ［名／动3他］ 预定，预计
- □ 労働（ろうどう）⓪ ［名／动3自］ 劳动
- □ 残業（ざんぎょう）⓪ ［名／动3自］ 加班
- □ 処理（しょり）① ［名／动3他］ 处理
- □ インタビュー① ［名／动3自］ （英）interview 采访，访问
- □ ビジネス① ［名］ （英）business 工作，事务；商业，生意

その他／其他

□ 泥棒（どろぼう）⓪	［名］	小偷
□ 技術（ぎじゅつ）①	［名］	技术
□ 給料（きゅうりょう）①	［名］	工资，薪金，薪水
□ 工業（こうぎょう）①	［名］	工业
□ 広告（こうこく）⓪	［名］	广告
□ 工場（こうじょう）③	［名］	工厂
□ 産業（さんぎょう）⓪	［名］	产业
□ 事業（じぎょう）①	［名］	事业；企业，实业
□ 収入（しゅうにゅう）⓪	［名］	收入
□ 商業（しょうぎょう）①	［名］	商业
□ 商売（しょうばい）①	［名］	买卖，生意；职业，行业
□ 働き（はたらき）⓪	［名］	劳动，工作；作用
□ 名刺（めいし）⓪	［名］	名片
□ コマーシャル②⑤	［名］	（英）commercial 商业广告
□ ラッシュアワー④	［名］	（英）rush hour 高峰时段，上下班交通拥挤时间
□ 職場（しょくば）⓪③	［名］	工作单位，工作岗位

例文／例句

1. 来月から給料が上がることになりました。
2. 李さんは将来偉い俳優になりそうです。
3. 出張が忙しくても、休日には休みます。
4. 田中さんはしっかり働きますから、よく部長に褒められます。

第十三章课后练习

问题一　写出下列日语单词对应的平假名。

1. 技術 ________________　　2. 泥棒 ________________
3. 収入 ________________　　4. 労働 ________________
5. 職場 ________________　　6. 通勤 ________________
7. 図表 ________________　　8. 広告 ________________
9. 記録 ________________　　10. 名刺 ________________
11. 会社 ________________　　12. 計画 ________________
13. 出張 ________________　　14. 貿易 ________________
15. 経営 ________________　　16. 残業 ________________
17. 看護師 ________________　　18. 作者 ________________
19. 警察 ________________　　20. 面接 ________________
21. 医者 ________________　　22. 処理 ________________
23. 翻訳 ________________　　24. 給料 ________________
25. 俳優 ________________　　26. 仕事 ________________

问题二　根据句子，选择合适的单词，并填入括号。

a. 残業　　b. 経営　　c. 処理　　d. 通勤

1. 毎日自宅から役所に（　　）します。
2. （　　）よろしきを得て事業が発展しました。
3. 仕事が多いので、（　　）しなければなりません。
4. 優れた課長は何でもきちんと（　　）します。

e. 商業　　f. 計画　　g. 出張　　h. 広告

5. これから東南アジアへ行く（　　）があります。
6. 新聞に尋ね人の（　　）を出します。
7. ここは上海の（　　）中心地です。
8. 公用で中国へ（　　）します。

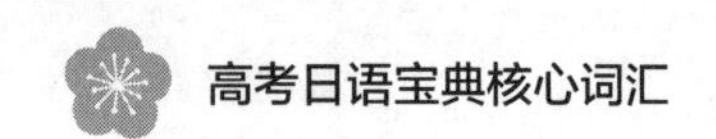

趣味（しゅみ）・活動（かつどう）/兴趣、活动

趣味（しゅみ）/兴趣

□ 歌（うた）②	［名］	歌曲
□ 運動（うんどう）⓪	［名］	运动
□ 絵（え）①	［名］	画，图
□ 映画（えいが）①⓪	［名］	电影
□ 絵本（えほん）②	［名］	小人儿书，连环画，（儿童看的）图画书
□ おもちゃ②	［名］	玩具
□ 音楽（おんがく）①	［名］	音乐
□ 歌舞伎（かぶき）⓪	［名］	歌舞伎
□ 楽器（がっき）⓪	［名］	乐器
□ 京劇（きょうげき）⓪	［名］	京剧
□ 切手（きって）⓪	［名］	邮票；票据
□ 切符（きっぷ）⓪	［名］	车票；入场券
□ 興味（きょうみ）①	［名］	兴趣
□ 芸術（げいじゅつ）⓪	［名］	艺术
□ 劇（げき）①	［名］	戏剧
□ 交響曲（こうきょうきょく）③	［名］	交响曲
□ 茶道（さどう）①	［名］	茶道
□ 雑誌（ざっし）⓪	［名］	杂志
□ 詩（し）⓪	［名］	诗，诗歌
□ 芝居（しばい）⓪	［名］	戏剧
□ 写真（しゃしん）⓪	［名］	照片

□ 書道（しょどう）①	［名］	书法
□ 小説（しょうせつ）⓪	［名］	小说
□ 水泳（すいえい）⓪	［名］	游泳
□ 相撲（すもう）⓪	［名］	相扑
□ 卓球（たっきゅう）⓪	［名］	乒乓球
□ 旅（たび）②	［名］	旅行
□ 童話（どうわ）⓪	［名］	童话
□ 縄跳び（なわとび）③④	［名］	跳绳
□ 文学（ぶんがく）①	［名］	文学
□ 漫画（まんが）⓪	［名］	漫画
□ 野球（やきゅう）⓪	［名］	棒球
□ 旅行（りょこう）⓪	［名／动3自］	旅行
□ 行（こう）①	［名］	去，出行
□ 細工（さいく）⓪③	［名］	手工艺，工艺品
□ 散歩（さんぽ）⓪	［名／动3自］	散步
□ 収集（しゅうしゅう）⓪	［名／动3他］	收集
□ アニメ①	［名］	（英）animation 动画片，动漫
□ アイドル①	［名］	（英）idol 偶像
□ カラオケ⓪	［名］	卡拉 OK
□ ゲーム①	［名］	（英）game 游戏
□ コンサート①	［名］	（英）concert 音乐会，演奏会
□ コンピューター③	［名］	（英）computer 计算机，电脑
□ サッカー①	［名］	（英）soccer 足球
□ シーディー③	［名］	（英）compact disc 光盘
□ ジョギング⓪	［名／动3自］	（英）jogging 慢跑
□ スキー②	［名］	（英）ski 滑雪
□ スケート⓪②	［名］	（英）skate 滑冰
□ スポーツ②	［名］	（英）sports 运动
□ ダンス①	［名］	（英）dance 跳舞，舞蹈
□ テニス①	［名］	（英）tennis 网球

□テレビ①	［名］	（英）television 电视机
□バイオリン⓪	［名］	（英）violin 小提琴
□ハイキング①	［名／动3自］	（英）hiking 郊游，徒步旅行，远足
□バスケットボール⑥	［名］	（英）basketball 篮球
□バドミントン③	［名］	（英）badminton 羽毛球
□バレーボール④	［名］	（英）volleyball 排球
□ピアノ⓪	［名］	（意）piano 钢琴
□ボール⓪①	［名］	（英）ball 球
□人形（にんぎょう）⓪	［名］	人偶，玩偶

活動（かつどう）／活动

□競技（きょうぎ）①	［名／动3自］	比赛
□競争（きょうそう）⓪	［名／动3自］	竞争，竞赛
□訓練（くんれん）①	［名／动3他］	训练
□見学（けんがく）⓪	［名／动3他］	参观学习
□見物（けんぶつ）⓪	［名／动3他］	游览，参观
□試合（しあい）⓪	［名／动3自］	比赛
□宗教（しゅうきょう）①	［名］	宗教
□選手（せんしゅ）①	［名］	选手，运动员
□大会（たいかい）⓪	［名］	大会
□月見（つきみ）③	［名］	赏月
□展覧会（てんらんかい）③	［名］	展览会
□初詣（はつもうで）③	［名／动3自］	（日本新年习俗）新年第一次到神社参拜
□花見（はなみ）③	［名］	赏花，赏樱
□部活（ぶかつ）⓪	［名］	俱乐部活动
□陸上競技（りくじょうきょうぎ）⑤	［名］	田径比赛
□イベント⓪	［名］	（英）event 活动，集会

□ オリンピック④	［名］	（英）Olympic 奥林匹克运动会，奥运会
□ クラブ①	［名］	（英）club 俱乐部，社团
□ スピーチ②	［名］	（英）speech 演讲
□ パーティー①	［名］	（英）party 聚会
□ ボランティア②	［名］	（英）volunteer 志愿者

その他（ほか）／其他

□ 関心（かんしん）⓪	［名］	关心，关怀，感兴趣
□ 作品（さくひん）⓪	［名］	作品
□ 札（さつ）⓪	［名］	钞票，纸币
□ 文化（ぶんか）①	［名］	文化

例文（れいぶん）／例句

1. 李（り）さんは書道（しょどう）が好（す）きらしいですよ。
2. 毎日（まいにち）の訓練（くんれん）が苦（くる）しいですが、彼（かれ）はいつも頑張（がんば）ります。
3. この映画（えいが）はもう見終（みお）わりました。
4. この写真（しゃしん）はパスポートを申請（しんせい）するのに使（つか）います。

第十四章课后练习

问题一 写出下列日语单词对应的平假名。

1. 歌舞伎 ________　　2. 芸術 ________
3. 興味 ________　　4. 音楽 ________
5. 芝居 ________　　6. 漫画 ________
7. 歌 ________　　8. 野球 ________
9. 映画 ________　　10. 見物 ________
11. 展覧会 ________　　12. 卓球 ________
13. 作品 ________　　14. 相撲 ________
15. 人形 ________　　16. 旅行 ________
17. 書道 ________　　18. 競技 ________
19. 小説 ________　　20. 選手 ________
21. 写真 ________　　22. 月見 ________
23. 茶道 ________　　24. 文化 ________
25. 京劇 ________　　26. 見学 ________
27. 絵本 ________　　28. 会社 ________
29. 切手 ________　　30. 散歩 ________
31. 切符 ________　　32. 細工 ________
33. 水泳 ________　　34. 縄跳び ________

问题二 根据句子，选择合适的单词，并填入括号。

a. 収集　　b. 活動　　c. 歌舞伎　　d. 見学

1. （　　）は日本の伝統的な文化です。
2. 彼は古書の（　　）が趣味です。
3. 技術のレベルを高めようとするなら、（　　）したほうがいいです。
4. 水泳はほとんど全身の筋肉を（　　）させます。

e．切符　　f．初詣　　g．切手　　h．小説

5．日本でお正月にみんなが着物を着て（　　）をしに行きます。

6．その事件はいかにも（　　）的です。

7．東京までの（　　）を一枚ください。

8．この小包は（　　）がないです。

第十五章

体（からだ）・健康（けんこう）/身体、健康

体（からだ）/身体

□足（あし）②	［名］	腿，脚
□汗（あせ）①	［名］	汗
□頭（あたま）③②	［名］	头，脑袋
□息（いき）①	［名］	呼吸，气息
□意識（いしき）①	［名］	意识
□おなか⓪	［名］	肚子
□顔（かお）⓪	［名］	脸；相貌；表情
□肩（かた）①	［名］	肩膀
□体（からだ）⓪	［名］	身体
□口（くち）⓪	［名］	嘴，口
□毛（け）⓪	［名］	毛发
□呼吸（こきゅう）⓪	［名/动3自他］	呼吸，喘气
□消化（しょうか）⓪	［名/动3自他］	消化
□しわ⓪	［名］	皱纹，褶子
□心臓（しんぞう）⓪	［名］	心脏
□筋（すじ）①	［名］	筋，肌肉；血管
□背（せ）①	［名］	脊背；身高，个子
□背中（せなか）⓪	［名］	背，脊背；背后
□血（ち）⓪	［名］	血液；血缘
□爪（つめ）⓪	［名］	指甲，趾甲，爪；钩子，别扣
□手（て）①	［名］	手；把手

□ 手足（てあし）① ［名］ 手脚
□ 涙（なみだ）① ［名］ 眼泪
□ 喉（のど）① ［名］ 喉咙，咽喉，嗓子
□ 歯（は）① ［名］ 牙齿
□ 腹（はら）② ［名］ 腹，肚子；心里话
□ 髭（ひげ）⓪ ［名］ 胡子
□ 膝（ひざ）⓪ ［名］ 膝盖
□ 皮膚（ひふ）① ［名］ 皮肤
□ 身（み）⓪ ［名］ 身体
□ 胸（むね）② ［名］ 胸，胸部，胸膛
□ 目（め）① ［名］ 眼睛；目光
□ 指（ゆび）② ［名］ 手指，脚趾
□ 頬（ほお）① ［名］ 脸颊，脸蛋儿
□ 命（いのち）① ［名］ 生命，命
□ 心（こころ）③② ［名］ 心，内心
□ 腰（こし）⓪ ［名］ 腰，腰部
□ 骨（ほね）② ［名］ 骨头；骨气
□ 尻（しり）② ［名］ 屁股，臀部
□ 腕（うで）② ［名］ 手腕，胳膊；本领，本事
□ 唇（くちびる）⓪ ［名］ 嘴唇
□ 首（くび）⓪ ［名］ 脖子，颈部；头部，脑袋
□ 舌（した）② ［名］ 舌头
□ 肌（はだ）① ［名］ 皮肤，肌肤
□ 鼻（はな）⓪ ［名］ 鼻子
□ 耳（みみ）② ［名］ 耳朵

健康（けんこう）／健康

□ 漢方薬（かんぽうやく）③ ［名］ 中药
□ 風邪（かぜ）⓪ ［名］ 感冒

□患者（かんじゃ）⓪	［名］	患者，病人
□薬（くすり）⓪	［名］	药
□怪我（けが）②	［名］	伤，受伤，负伤
□健康（けんこう）⓪	［名］	健康
□手術（しゅじゅつ）①	［名］	手术
□神経（しんけい）①	［名］	神经
□咳（せき）②	［名］	咳嗽
□退院（たいいん）⓪	［名/动3自］	出院
□体重（たいじゅう）⓪	［名］	体重
□調子（ちょうし）⓪	［名］	状况，状态，情况
□入院（にゅういん）⓪	［名/动3自］	住院
□病気（びょうき）⓪	［名］	病，疾病
□病人（びょうにん）⓪	［名］	病人
□無事（ぶじ）⓪	［名/形2］	平安，太平无事，健康
□具合（ぐあい）⓪	［名］	情况，状态，情形；方便（与否）
□診察（しんさつ）⓪	［名/动3他］	诊断
□傷（きず）⓪	［名］	伤，创伤
□力（ちから）③	［名］	力，力量，力气；劲头
□熱（ねつ）②	［名］	发烧；热
□ストレス②	［名］	（英）stress（精神）压力

例文（れいぶん）/例句

1. 風邪（かぜ）を引（ひ）く時、健康（けんこう）のために薬（くすり）を飲（の）んでください。
2. 熱（ねつ）が出（で）たら、病院（びょういん）に行（い）ったほうがいいです。
3. 最近（さいきん）、胸（むね）が痛（いた）くて、診察（しんさつ）に行（い）くつもりです。
4. 看護婦（かんごふ）の李（り）さんは医者（いしゃ）が手術（しゅじゅつ）をするのを手伝（てつだ）いです。

第十五章课后练习

问题一 写出下列日语单词对应的平假名。

1. 病人 ____________　　2. 神経 ____________
3. 具合 ____________　　4. 体重 ____________
5. 熱 ____________　　6. 力 ____________
7. 退院 ____________　　8. 肌 ____________
9. 漢方薬 ____________　　10. 涙 ____________
11. 髭 ____________　　12. 背中 ____________
13. 心臓 ____________　　14. 呼吸 ____________
15. 命 ____________　　16. 消化 ____________
17. 腕 ____________　　18. 血 ____________
19. 喉 ____________　　20. 顔 ____________
21. 咳 ____________　　22. 意識 ____________
23. 調子 ____________　　24. 頭 ____________
25. 病気 ____________　　26. 目 ____________
27. 手術 ____________　　28. 無事 ____________

问题二 根据句子，选择合适的单词，并填入括号。

a. 呼吸　　b. 病気　　c. 意識　　d. 涙

1. 車にぶつかって（　　）を失いました。
2. 一か月の後、重傷した病人は（　　）が絶えました。
3. 真相を明らかにして、（　　）を流して喜びます。
4. おじいさんは治りにくい（　　）になりました。

e. 退院　　f. 体重　　g. 怪我　　h. 手足

5. 彼は元通りの（　　）になりました。

6. 李さんはだんだん治りましたから、医者に（　　）を許されました。

7. 足を滑らせて（　　）をします。

8. （　　）をいつも清潔にしています。

第十六章

人生（じんせい）/人生

人生（じんせい）/人生

□ 生存（せいぞん）⓪	［名/动3自］	生存
□ 希望（きぼう）⓪	［名］	希望，愿望
□ 経験（けいけん）⓪	［名］	经验
□ 結婚（けっこん）⓪	［名/动3自］	结婚
□ 子育て（こそだて）②	［名/动3自］	养育子女，抚养孩子
□ 故郷（こきょう）①	［名］	故乡，家乡，老家
□ 志（こころざし）⓪	［名］	志向，志愿
□ 式（しき）②①	［名］	仪式，典礼
□ 失敗（しっぱい）⓪	［名/动3自］	失败
□ 自分（じぶん）⓪	［名］	自己，本人
□ 生涯（しょうがい）①⓪	［名］	一生，终生，毕生，一辈子
□ 就職（しゅうしょく）⓪	［名］	就职，就业
□ 大人（おとな）⓪	［名］	大人，成人
□ 少女（しょうじょ）①	［名］	少女
□ 少年（しょうねん）⓪	［名］	少年
□ 人類（じんるい）①	［名］	人类
□ 先祖（せんぞ）①	［名］	始祖，祖先，先人
□ 成長（せいちょう）⓪	［名/动3自］	成长，生长；增长，发展
□ 生長（せいちょう）⓪	［名/动3自］	（植物等）生长，发育
□ 青年（せいねん）⓪	［名］	青年
□ 年寄り（としより）③④	［名］	老人

□ **人間（にんげん）⓪**	［名］	人，人类
□ **夢（ゆめ）②**	［名］	梦；梦想，理想；幻想
□ **理想（りそう）⓪**	［名］	理想
□ **老人（ろうじん）⓪**	［名］	老人，老年人
□ **若者（わかもの）⓪**	［名］	年轻人
□ **子（こ）⓪**	［名/接尾］	孩子，子女；婴儿；姑娘；……子（多用于女性的名字）
□ **生む（うむ）⓪**	［动1他］	分娩；产出，产生
□ **実現（じつげん）⓪**	［名/动3自他］	实现
□ **運命（うんめい）①**	［名］	命运
□ **ステージ②**	［名］	（英）stage 舞台

例文（れいぶん）/例句

1. この子（こ）がすくすく成長（せいちょう）するのは私（わたし）の夢（ゆめ）です。
2. 理想（りそう）を実現（じつげん）するために、一生懸命頑張（いっしょうけんめいがんば）ります。
3. 彼（かれ）はがんのため、二十歳（はたち）で短（みじか）い生涯（しょうがい）を終（お）えました。
4. 二人（ふたり）の出会（であ）いは運命（うんめい）づけられていた。

第十六章课后练习

问题一 写出下列日语单词对应的平假名。

1. 結婚 ____________　　2. 希望 ____________
3. 就職 ____________　　4. 少年 ____________
5. 少女 ____________　　6. 人生 ____________
7. 成長 ____________　　8. 若者 ____________
9. 生涯 ____________　　10. 自分 ____________
11. 実現 ____________　　12. 生む ____________
13. 運命 ____________　　14. 生存 ____________
15. 志 ____________　　16. 理想 ____________

问题二 根据句子，选择合适的单词，并填入括号。

a. 就職　　b. 生存　　c. 経験　　d. 大人

1. あの子の口のきき方はまるで（　　）のようです。
2. 長年の（　　）を積んで優れた教師になりました。
3. あの飛行機事故でも（　　）している者がいました。
4. 学校を出て、すごい会社に（　　）しました。

e. お年寄り　　f. 夢　　g. 成長　　h. 失敗

5. 世界平和の実現は彼の一生の（　　）です。
6. お母さんは（　　）の面倒を見る仕事をやっています。
7. 彼は父が亡くしたあと、急に（　　）になった。
8. 仕事で何回も（　　）してしまって、首になった。

テスト3／测试3

一、从A、B、C、D四个选项中，选出画线部分对应的汉字。

1. こころざしを遂げるために、一生懸命頑張ります。

   A. 希望　　B. 志　　C. 心ざし　　D. 志向

2. せいとは勉強に励むべきです。

   A. 誠人　　B. 聖徒　　C. 整頓　　D. 生徒

3. たくさんの学生はすうがくが難しいと思っています。

   A. 数学　　B. 物理　　C. 英語　　D. 生物

4. 今日習ったことをふくしゅうします。

   A. 復讐　　B. 復習　　C. 勉強　　D. 複収

5. 彼はけいえいの才能がありますから、すぐ部長になります。

   A. 恵栄　　B. 价永　　C. 経営　　D. 管理

6. この展覧会は小学生のさくひんを展示しています。

   A. 作品　　B. 絵本　　C. 作物　　D. 作業

7. 彼は劇場で芝居をけんぶつしています。

   A. 検索　　B. 研究　　C. 見学　　D. 見物

8. おじいさんはかつて血気にはやるわかものでした。

   A. 若井　　B. 若者　　C. 若人　　D. 若物

二、从A、B、C、D四个选项中，选出画线部分对应的假名。

9. 佐藤さんは新しい事業を計画しています。

   A. けいか　　B. かいけい　　C. けか　　D. けいかく

10. もっとも高い位置に座って、相手と競争する必要があります。

    A. きょうそう　　B. きゅうそう　　C. きょそう　　D. きゅそう

11. 残念ながら、父の希望通りにいかなかったです。

    A. きぼ　　B. きぼう　　C. きほう　　D. きほ

12. 年寄りになると、体力が弱くなります。

    A. としより　　B. ねんより　　C. ねんにり　　D. としにり

13. お医者さんのおかげで意識が戻ってきました。

A. いしょく　B. いしき　C. みしき　D. みしょく

14. このラジオは調子がくるっています。

A. じょうし　B. ちょし　C. じょし　D. ちょうし

15. 来週から部長と京都へ出張します。

A. ちゅっちょう　B. しゅっちょう　C. しゅうちょう　D. ちゅちょう

16. 昨日残業して、家に着いたのは、もう12時すぎでした。

A. さんぎょ　B. さんぎょう　C. ざんぎょう　D. ざんぎょ

三、从A、B、C、D四个选项中，选出合适的选项，填入括号。

17. 事件の経過を（　　）しておきます。

A. 話し　B. 記録　C. 記憶　D. 歌い

18. 会社はいま新しい（　　）を開発しています。

A. 技術　B. 能力　C. 過程　D. 工程

19. 駅前の看板に（　　）が貼ってあります。

A. 手紙　B. 新聞　C. 広告　D. システム

20. 津崎さんは仕事の問題をきちんと（　　）ことができる。

A. 解決する　B. 処理する　C. 了解する　D. 卒業する

21. 皆さん、おはようございます。それでは（　　）をはじめましょう。

A. 学校　B. 宿題　C. 居眠り　D. 授業

22. 李さんはすばらしい（　　）をあげたために、お母さんに褒められた。

A. 成績　B. 才能　C. 試験　D. 受験

23. 学生をいろいろな場所へ（　　）に連れていきます。

A. 見学　B. 兼学　C. 建学　D. 検学

24. 彼は（　　）が上手だそうです。

A. 背中　B. 手足　C. 書道　D. 経験

25. このニュースを聞いて（　　）が止まるほど驚きました。

A. 心臓　B. 指　C. 脚　D. 頭

26. 数日の治療を受けて、怪我が治ったので、（　　）することになりました。

A. 離れる　B. 元気　C. 健康　D. 退院

27. 三時間の飛行機で（　　）北京に到着した。

A. 無駄　　B. 無事　　C. 無理　　D. 無用

28. 先生が教えてくれたことは（　　）忘れない。

A. 生涯　　B. 人生　　C. 生活　　D. 生命

29. （　　）の時、まず自己紹介をして自分の長所を話します。

A. 運転　　B. 運動　　C. 面接　　D. サッカー

30. 年をとった人は（　　）と言います。

A. 運命　　B. 理由　　C. 老人　　D. 故郷

気持ち（きもち）／心情

気持ち（きもち）／心情

□嬉しい（うれしい）③	［形1］	高兴的，愉快的，喜悦的
□惜しい（おしい）②	［形1］	可惜的，遗憾的；舍不得的；珍惜的
□感情（かんじょう）⓪	［名］	感情，情绪
□感覚（かんかく）⓪	［名］	感觉
□感じ（かんじ）⓪	［名］	感觉；知觉，感受
□期待（きたい）⓪	［名／动3他］	期待，期望
□悔しい（くやしい）③	［形1］	令人懊悔的，遗憾的；不甘心的
□後悔（こうかい）①	［名／动3自他］	后悔
□幸福（こうふく）⓪	［名／形2］	幸福
□刺激（しげき）⓪	［名／动3他］	（生理上或心理上的）刺激
□残念（ざんねん）③	［形2］	遗憾，可惜；懊悔，悔恨
□心配（しんぱい）⓪	［名／形2／动3自他］	担心，挂念
□懐かしい（なつかしい）④	［形1］	怀念的，思念的
□恥（はじ）②	［名］	耻辱，丢人；羞耻心
□満足（まんぞく）①	［名／形2／动3自］	满足，满意；充分，充足
□羨ましい（うらやましい）⑤	［形1］	羡慕的
□うるさい③	［形1］	嘈杂的；烦人的
□恐ろしい（おそろしい）④	［形1］	可怕的；惊人的
□悲しい（かなしい）⓪	［形1］	悲伤的，悲哀的
□気分（きぶん）①	［名］	心情，情绪；气氛
□寂しい（さびしい）③	［形1］	寂寞的；空虚的

□ 幸せ（しあわせ）⓪	［名/形2］	幸福，幸运
□ 退屈（たいくつ）⓪	［名/形2/动3自］	无聊，发闷；厌倦
□ 楽しい（たのしい）③	［形1］	快乐的，愉快的，高兴的
□ 得意（とくい）②⓪	［名/形2］	擅长；得意
□ 恥ずかしい（はずかしい）④	［形1］	害羞的，羞愧的
□ 不安（ふあん）⓪	［名/形2］	不安，不放心，担心
□ 物凄い（ものすごい）④	［形1］	可怕的；惊人的
□ 愉快（ゆかい）①	［名/形2］	愉快，快活
□ 楽（らく）②	［名/形2］	快乐，安乐，舒服；容易，简单
□ 重い（おもい）⓪	［形1］	沉重的
□ 軽い（かるい）⓪	［形1］	轻松的
□ 嫌い（きらい）⓪	［名/形2］	厌烦，厌恶，不喜欢
□ 爽やか（さわやか）②	［形2］	爽朗，爽快；（口齿）爽利，清楚
□ 好き（すき）②	［名/形2］	喜欢
□ 詰まらない（つまらない）③	［形1］	无聊的，无趣的；微不足道的
□ 朗らか（ほがらか）②	［形2］	（性格）开朗，爽快；晴朗
□ 苦しい（くるしい）③	［形1］	痛苦的，难受的；困难的，艰难的
□ 新鮮（しんせん）⓪	［形2］	新鲜
□ 穏やか（おだやか）②	［形2］	平稳，安详
□ 怒る（おこる）②	［动1自］	生气，愤怒，发火
□ 驚く（おどろく）③	［动1自］	吃惊，惊恐，害怕
□ 苦しむ（くるしむ）③	［动1自］	感到痛苦，难受；烦恼，为难
□ 喜ぶ（よろこぶ）③	［动1自］	高兴，开心，喜悦
□ 機嫌（きげん）⓪	［名］	心情，情绪
□ めでたい③	［形1］	可喜的，可贺的
□ リラックス②	［名/动3自］	（英）relax 放松

例文／例句

1. 爽やかだし、親切だし、恵子はいい子ですね。
2. 吉田さんは病気に苦しんでいるところです。
3. どこに出しても恥ずかしくない製品を作りました。
4. 勉強すればするほど、難しくなる感じがします。
5. 子どもがトラを見て驚きました。
6. 彼は借金ですごく苦しんでいます。
7. 友達の成功を喜びます。

第十七章课后练习

问题一 写出下列日语单词对应的平假名。

1. 重い ________ 2. 嫌い ________
3. 新鮮 ________ 4. 朗らか ________
5. 苦しい ________ 6. 穏やか ________
7. 満足 ________ 8. 恐ろしい ________
9. 残念 ________ 10. 刺激 ________
11. 感情 ________ 12. 退屈 ________
13. 楽しい ________ 14. 不快 ________
15. 不安 ________ 16. 軽い ________
17. 驚く ________ 18. 機嫌 ________
19. 懐かしい ________ 20. 悔しい ________

问题二 根据句子，选择合适的单词，并填入括号。

a. 新鮮　　b. 軽い　　c. 悔しい　　d. 不安

1. あそこで決心しなかったことが（　　）です。
2. あの人の言葉が私の（　　）を取り除いてくれました。
3. （　　）傷だからすぐ治ります。
4. 早朝の（　　）な空気を味わおうとして早起きました。

e. 爽やか　　f. 恐ろし　　g. つまらない　　h. 気分

5. 昨日の雷は非常に（　　）かったです。
6. 北京は今お祭りの（　　）です。
7. （　　）な秋の一日、子供を連れてハイキングをします。
8. この小説は（　　）ですから、読むのは時間の無駄です。

国（くに）・社会（しゃかい）/国家、社会

国（くに）/国家

□外交（がいこう）⓪	［名］	外交
□外国（がいこく）⓪	［名］	外国，国外
□国（くに）⓪	［名］	国家；家乡，故乡
□傾向（けいこう）⓪	［名］	倾向，趋势
□経済（けいざい）①	［名］	经济
□県（けん）①	［名］	县（日本的行政区划）
□建設（けんせつ）⓪	［名/动3他］	建设
□権力（けんりょく）①	［名］	权力
□国際（こくさい）⓪	［名］	国际
□国土（こくど）①	［名］	国土，领土
□国民（こくみん）⓪	［名］	国民
□財産（ざいさん）①⓪	［名］	财产
□時代（じだい）⓪	［名］	时代
□島国（しまぐに）②	［名］	岛国
□首都（しゅと）①②	［名］	首都
□選挙（せんきょ）①	［名/动3他］	选举，推选
□税金（ぜいきん）⓪	［名］	税款
□政治（せいじ）⓪	［名］	政治
□精神（せいしん）①	［名］	精神
□政府（せいふ）①	［名］	政府
□西洋（せいよう）①	［名］	西洋，欧美

□ 世界（せかい）①②	［名］	世界，全球，天下
□ 戦後（せんご）⓪①	［名］	战后（特指第二次世界大战以后）
□ 全国（ぜんこく）①	［名］	全国
□ 戦争（せんそう）⓪	［名/动3自］	战争；竞争
□ 大陸（たいりく）⓪①	［名］	大陆
□ 中国（ちゅうごく）①	［名］	中国
□ 伝統（でんとう）⓪	［名］	传统
□ 天皇（てんのう）③	［名］	天皇
□ 土地（とち）⓪	［名］	土地，耕地，大地；地面；当地
□ 日本（にほん）②	［名］	日本
□ 北京（ぺきん）①	［名］	北京
□ 法律（ほうりつ）⓪	［名］	法律
□ 保護（ほご）①	［名］	保护
□ 民族（みんぞく）①	［名］	民族
□ 役所（やくしょ）③	［名］	政府机关，衙门
□ 役割（やくわり）⓪③④	［名］	分配的任务，职务；角色
□ 世の中（よのなか）②	［名］	世间，世上，社会；时代
□ 旗（はた）②	［名］	旗，旗帜
□ 我々（われわれ）⓪	［名］	我们
□ 我が国（わがくに）①	［名］	我国，我们的国家
□ アフリカ⓪	［名］	（英）Africa 非洲
□ タイ①	［名］	（英）Thai 泰国
□ ヨーロッパ③	［名］	（英）Europe 欧洲

社会（しゃかい）/社会

□ 以外（いがい）①	［名］	除了……以外
□ 汚染（おせん）⓪	［名］	污染
□ 関係（かんけい）⓪	［名/动3自］	关系，关联
□ 協力（きょうりょく）⓪	［名/动3自］	协力，配合，合作

□ 組（くみ）② ［名］ 班；组
□ 交流（こうりゅう）⓪ ［名/动3自］ 交流
□ 親しみ（したしみ）⓪④③ ［名］ 亲密，亲近
□ 集合（しゅうごう）⓪ ［名］ 集合
□ 集団（しゅうだん）⓪ ［名］ 集团
□ 冗談（じょうだん）③ ［名］ 玩笑，戏言，笑话
□ 信用（しんよう）⓪ ［名/动3他］ 相信，坚信，确信；信誉，信用
□ 全体（ぜんたい）⓪ ［名］ 全体，总体；全身
□ 組織（そしき）① ［名］ 构造，构成；（生物）组织，组成，团体
□ 代表（だいひょう）⓪ ［名/动3他］ 代表
□ 互い（たがい）⓪ ［名］ 彼此，互相，相互，双方
□ 団体（だんたい）⓪ ［名］ 团体，集体
□ 仲良し（なかよし）② ［名］ 相好，友好；好朋友
□ 人々（ひとびと）② ［名］ 人们
□ 触れ合う（ふれあう）③ ［动1自］ 互相接触；心灵互通
□ 摩擦（まさつ）⓪ ［名/动3自他］ 摩擦，意见分歧，不和
□ 皆（みな）②①⓪ ［名/副］ 全体，大家，各位；全，都
□ みんな⓪③ ［名］ 全体，大家，各位；全，都
□ 皆さん（みなさん）② ［名］ 大家，诸位，各位
□ 礼儀（れいぎ）③ ［名］ 礼仪，礼节，礼法
□ 衝突（しょうとつ）⓪ ［名/动3自］ 撞上，冲撞，碰上；矛盾，冲突
□ グループ② ［名］ （英）group 郡，组，集团
□ チーム① ［名］ （英）team 团体，团队
□ メンバー① ［名］ （英）member 成员，分子
□ リーダー① ［名］ （英）leader 领导者，领袖
□ 遠慮（えんりょ）⓪① ［名/动3他］ 客气；回避，谢绝；远虑
□ けんか⓪ ［名］ 吵架，打架；吵嘴
□ 世話（せわ）② ［名/动3他］ 照料，照顾；麻烦；介绍
□ 仲（なか）① ［名］ 交情，关系
□ 義務（ぎむ）① ［名］ 义务

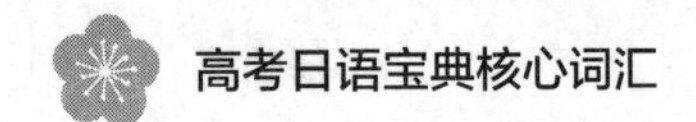

□ **経費（けいひ）①**	［名］	经费；开销，开支；费用
□ **個人（こじん）①**	［名］	个人
□ **少子化（しょうしか）⓪**	［名］	少子化
□ **景気（けいき）⓪**	［名］	行情；气氛

例文（れいぶん）/例句

1. さすが外交（がいこう）の代表（だいひょう）たちが住（す）んでいるホテルだけあって、立派（りっぱ）ですね。
2. 汚染対策（おせんたいさく）はリーダーの努力（どりょく）を離（はな）れない。
3. 我（わ）が国（くに）はますます盛（さか）んになったと思（おも）わずにいられないです。
4. お互（たが）いの触（ふ）れ合（あ）いによって、摩擦（まさつ）を減（へ）らします。

第十八章课后练习

问题一　写出下列日语单词对应的平假名。

1. 建設　＿＿＿＿＿＿＿＿
2. 外交　＿＿＿＿＿＿＿＿
3. 時代　＿＿＿＿＿＿＿＿
4. 首都　＿＿＿＿＿＿＿＿
5. 国民　＿＿＿＿＿＿＿＿
6. 精神　＿＿＿＿＿＿＿＿
7. 財産　＿＿＿＿＿＿＿＿
8. 伝統　＿＿＿＿＿＿＿＿
9. 世話　＿＿＿＿＿＿＿＿
10. 大陸　＿＿＿＿＿＿＿＿
11. 社会　＿＿＿＿＿＿＿＿
12. 西洋　＿＿＿＿＿＿＿＿
13. 景気　＿＿＿＿＿＿＿＿
14. 政治　＿＿＿＿＿＿＿＿
15. 仲良し　＿＿＿＿＿＿＿＿
16. 協力　＿＿＿＿＿＿＿＿
17. 関係　＿＿＿＿＿＿＿＿
18. 汚染　＿＿＿＿＿＿＿＿
19. 交流　＿＿＿＿＿＿＿＿
20. 個人　＿＿＿＿＿＿＿＿
21. 冗談　＿＿＿＿＿＿＿＿
22. 民族　＿＿＿＿＿＿＿＿
23. 摩擦　＿＿＿＿＿＿＿＿
24. 役所　＿＿＿＿＿＿＿＿
25. 組織　＿＿＿＿＿＿＿＿
26. 土地　＿＿＿＿＿＿＿＿
27. 互い　＿＿＿＿＿＿＿＿
28. 権力　＿＿＿＿＿＿＿＿
29. 遠慮　＿＿＿＿＿＿＿＿
30. 経済　＿＿＿＿＿＿＿＿
31. 義務　＿＿＿＿＿＿＿＿
32. 傾向　＿＿＿＿＿＿＿＿
33. 役割　＿＿＿＿＿＿＿＿
34. 現代　＿＿＿＿＿＿＿＿

问题二　根据句子，选择合适的单词，并填入括号。

a. 協力　　b. 傾向　　c. 権力　　d. 保護

1. 最近、海外に旅行する人が増える（　　）があります。
2. 武力によって（　　）をふるいます。
3. 法律の（　　）を受けています。
4. 王さんと（　　）してこの件をうまく処理しました。

e. 組織　　f. 遠慮　　g. 衝突　　h. 冗談

5. （　　）にもほどがあります。

6. 彼は吉田さんと（　　）してけんかしました。

7. 佐藤さんはボランティア（　　）に参加しています。

8. どうぞご（　　）なく召し上げてください。

数(かず)・量(りょう)・色(いろ)/数字、数量、颜色

数字(すうじ)/数字

□零(れい)①	[数]	零
□ゼロ①	[数]	零
□一(いち)②	[数]	一
□二(に)①	[数]	二
□三(さん)⓪	[数]	三
□四(し①/よん①)	[数]	四
□五(ご)①	[数]	五
□六(ろく)②	[数]	六
□七(しち②/なな①)	[数]	七
□八(はち)②	[数]	八
□九(く①/きゅう①)	[数]	九
□十(じゅう)①	[数]	十
□百(ひゃく)②	[数]	百，一百
□二百(にひゃく)③	[数]	二百，两百
□三百(さんびゃく)①	[数]	三百
□四百(よんひゃく)①	[数]	四百
□五百(ごひゃく)③	[数]	五百
□六百(ろっぴゃく)④	[数]	六百
□七百(ななひゃく)②	[数]	七百
□八百(はっぴゃく)④	[数]	八百
□九百(きゅうひゃく)①	[数]	九百

□千（せん）①	［数］	千，一千
□二千（にせん）②	［数］	两千
□三千（さんぜん）③	［数］	三千
□四千（よんせん）⓪	［数］	四千
□五千（ごせん）③	［数］	五千
□六千（ろくせん）②	［数］	六千
□七千（ななせん）②	［数］	七千
□八千（はっせん）③	［数］	八千
□九千（きゅうせん）④	［数］	九千
□万（まん）①	［数］	万
□一万（いちまん）⓪	［数］	一万
□十万（じゅうまん）⓪	［数］	十万
□百万（ひゃくまん）⓪	［数］	百万，一百万
□一千万（いっせんまん）⑤	［数］	一千万
□一つ（ひとつ）②	［数］	一个
□二つ（ふたつ）③	［数］	两个
□三つ（みっつ）③	［数］	三个
□四つ（よっつ）③	［数］	四个
□五つ（いつつ）②	［数］	五个
□六つ（むっつ）③	［数］	六个
□七つ（ななつ）②	［数］	七个
□八つ（やっつ）③	［数］	八个
□九つ（ここのつ）②	［数］	九个
□十（とお）①	［数］	十个

助数詞（じょすうし）/量词

□～位（い）	［量］	名，位（计量位次、排名等）
□～円（えん）	［量］	日元（计量日本货币）
□～課（か）	［量］	课（计量课程、单位等）

□～回（かい）	［量］	回，次，届（计量次数）
□～階（かい）	［量］	楼，层（计量楼层）
□～缶（かん）	［量］	罐，听（计量罐装物品）
□～行（ぎょう）	［量］	行（计量行数）
□～軒（けん）	［量］	座，户，间，家（计量房屋、店铺等）
□～元（げん）	［量］	元（计量人民币）
□～戸（こ）	［量］	户（计量户数）
□～個（こ）	［量］	个（计量个数）
□～冊（さつ）	［量］	册，本（计量书籍等）
□～皿（さら）	［量］	碟，盘（计量菜碟、盘子）
□～台（だい）	［量］	台，辆，架（计量电器、车辆、机器）
□～題（だい）	［量］	题，道（计量题数）
□～束（たば）	［量］	束，把，捆（计量花朵、蔬菜等）
□～通（つう）	［量］	封，件（计量信函、文书、邮件等）
□～点（てん）	［量］	分（计量分数）
□～度（ど）	［量］	度，次，回（计量温度、体温、次数等）
□～人（にん）	［量］	人（计量人数）
□～年（ねん）	［量］	年（计量年数）
□～倍（ばい）	［量］	倍（计量倍数）
□～番（ばん）	［量］	第……号，号（计量顺序、号码等）
□～瓶（びん）	［量］	瓶（计量瓶装物品）
□～匹（ひき）	［量］	只，条，尾（计量猫、狗、虫、鱼等小型动物）
□～幅（ふく）	［量］	幅（计量字画、卷轴等）
□～本（ほん）	［量］	棵，根，支，把（计量雨伞、笔、香蕉、火车等细长的物品）
□～枚（まい）	［量］	张，块，件（计量纸张、邮票、盘子、衬衫等扁而薄的物体）
□毎～（まい）	［量］	每
□～目（め）	［量］	第（计量次序）

□ ～列（れつ） ［名］ 列，行，排（计量列车、队伍等成列的事物）
□ ～羽（わ） ［名］ 只（计量鸟、兔子、家禽等小型动物）

色（いろ）／颜色

□ 黒（くろ）① ［名］ 黑色
□ 白（しろ）① ［名］ 白色
□ 赤（あか）① ［名］ 红色
□ 青（あお）① ［名］ 蓝色，青色
□ 緑（みどり）① ［名］ 绿色
□ 紫（むらさき）② ［名］ 紫色
□ 金（きん）① ［名］ 金色
□ 銀（ぎん）① ［名］ 银色
□ 黄色（きいろ）⓪ ［名］ 黄色
□ 茶色（ちゃいろ）⓪ ［名］ 茶色
□ 黒い（くろい）② ［形1］ 黑色的
□ 白い（しろい）② ［形1］ 白色的
□ 赤い（あかい）⓪ ［形1］ 红色的
□ 青い（あおい）② ［形1］ 蓝色的，青色的
□ 黄色い（きいろい）⓪ ［形1］ 黄色的

その他（ほか）／其他

□ 距離（きょり）① ［名］ 距离
□ 計算（けいさん）⓪ ［名／动3他］ 计算
□ 合計（ごうけい）⓪ ［名／动3他］ 合计，总计
□ 面積（めんせき）① ［名］ 面积
□ 増加（ぞうか）⓪ ［名／动3他］ 增加
□ 大多数（だいたすう）③④ ［名］ 大多数

□ 約（やく）① ［名］ 大约
□ 差（さ）⓪ ［名］ 差别，差异，区别
□ 量（りょう）① ［名］ 量，分量，数量
□ 半分（はんぶん）③ ［名］ 一半，二分之一
□ パーセント③ ［名］ （英）percent 百分比，百分率
□ メートル⓪ ［名］ （法）mètre 米
□ チャンネル⓪① ［名］ （英）channel 频道

例文（れいぶん）／例句

1. 彼女（かのじょ）とは、もう一年（いちねん）ほど会（あ）っていません。
2. 「学校（がっこう）から家（いえ）までの距離（きょり）は何（なん）メートルですか。」
   「だいたい3000メートルですね。」
3. この服（ふく）の長（なが）さがちょうどよくて、ぴったりです。
4. 春（はる）の森（もり）は植物（しょくぶつ）の色（いろ）が緑（みどり）になって、とてもすてきです。

第十九章课后练习

问题一 写出下列日语单词对应的平假名。

1. 三百 ________________　　2. 一本 ________________
3. 百万 ________________　　4. 何回 ________________
5. 一階 ________________　　6. 二列 ________________
7. 七人 ________________　　8. 緑 ________________
9. 黄色 ________________　　10. 紫 ________________
11. 金 ________________　　12. 銀 ________________
13. 計算 ________________　　14. 面積 ________________
15. 増加 ________________　　16. 大多数 ________________

问题二 根据句子，选择合适的单词，并填入括号。

a. 人　　b. 匹　　c. 枚　　d. 回

1. あそこの3（　　）は日本人じゃなくて、中国人です。
2. 今年の夏休みは1（　　）プールへ行きました。
3. 田舎のお婆さんの家に2（　　）の猫を飼っています。
4. 私は有名な絵を3（　　）を持っています。

e. 二冊　　f. 一軒　　g. 一兎　　h. 三個

5. 飼った小鳥が逃げたので、近所の家を（　　）ずつ回ってきました。
6. 日本語には、「二兎を追う者は（　　）を得ず」という諺があります。
7. お菓子を作るのに、卵を（　　）必要だと母が言っていました。
8. 図書館から英語の辞書を（　　）借りてきました。

人の外見(ひとのがいけん)、性格(せいかく)、能力(のうりょく)、印象(いんしょう) / 人物描写

外見(がいけん) / 外表

□ 美しい（うつくしい）④	［形1］	美丽的，漂亮的
□ 可笑しい（おかしい）③ ※	［形1］	可笑的，奇怪的
□ 可愛い（かわいい）③	［形1］	可爱的
□ 高い（たかい）②	［形1］	（个子）高的
□ 低い（ひくい）②	［形1］	（个子）矮的
□ 長い（ながい）②	［形1］	长的
□ 細い（ほそい）②	［形1］	细的
□ 太い（ふとい）②	［形1］	粗的，胖的
□ 大きい（おおきい）③	［形1］	高大的；（年龄）大的，年长的
□ 小さい（ちいさい）③	［形1］	矮小的；（年龄）小的，年幼的
□ 幼い（おさない）③	［形1］	幼小的，年幼的；幼稚的
□ 若い（わかい）②	［形1］	年轻的
□ 綺麗（きれい）①	［形2］	漂亮；干净，整洁
□ 元気（げんき）①	［形2］	健康；精神饱满，朝气蓬勃
□ 立派（りっぱ）⓪	［名/形2］	伟岸，庄严；出色，优秀
□ 普通（ふつう）⓪	［名/形2］	普通，一般
□ 姿（すがた）①	［名］	姿态，姿容
□ 格好（かっこう）⓪	［名］	样子，外形
□ 特徴（とくちょう）⓪	［名］	特征
□ 表（おもて）③	［名］	表面
□ 表面（ひょうめん）③	［名］	表面
□ 表情（ひょうじょう）③	［名］	表情
□ 身長（しんちょう）⓪	［名］	身高
□ 目立つ（めだつ）②	［动1自］	显眼，显著，引人注目

性格（せいかく）・印象（いんしょう）／性格、印象

□明るい（あかるい）⓪③	［形1］	（性格）开朗的
□暖かい（あたたかい）④	［形1］	热情的，热心的，亲切的
□大人しい（おとなしい）④	［形1］	老实的，温顺的
□面白い（おもしろい）④	［形1］	有趣的，可笑的
□重い（おもい）⓪	［形1］	（体重）重的；（动作）迟钝的
□賢い（かしこい）③ ※	［形1］	聪明的，精明的
□固い（かたい）⓪	［形1］	顽固的，死板的
□堅い（かたい）⓪	［形1］	坚定的，坚决的
□軽い（かるい）⓪	［形1］	（体重）轻的；轻浮的，轻率的
□厳しい（きびしい）③	［形1］	严厉的，严格的
□暗い（くらい）⓪	［形1］	阴郁的，不明朗的
□騒がしい（さわがしい）④	［形1］	吵闹的，嘈杂的
□親しい（したしい）③	［形1］	亲近的
□素晴らしい（すばらしい）④	［形1］	极好的，惊人的，出色的
□鋭い（するどい）③ ※	［形1］	尖锐的；锋利的；敏锐的
□ずるい② ※	［形1］	狡猾的，奸诈的
□狭い（せまい）②	［形1］	（心胸）狭隘的
□怠い（だるい）②	［形1］	慵懒的，倦怠的
□強い（つよい）②	［形1］	强的；强壮的；好强的
□冷たい（つめたい）⓪	［形1］	冷淡的；冰冷的
□情けない（なさけない）④	［形1］	可悲的，悲惨的；冷酷的，无情的
□激しい（はげしい）③	［形1］	激烈的，强烈的；过甚的
□貧しい（まずしい）③ ※	［形1］	贫穷的，贫乏的
□広い（ひろい）②	［形1］	（心胸）宽广的
□喧しい（やかましい）④ ※	［形1］	吵闹的；挑剔的
□優しい（やさしい）⓪③	［形1］	和蔼的，温柔的，优雅的
□弱い（よわい）②	［形1］	弱的，虚弱的，懦弱的，不坚强的
□簡単（かんたん）⓪	［名/形2］	简单，容易
□可哀相（かわいそう）④	［形2］	可怜的，令人同情的
□詳しい（くわしい）③	［形1］	精通的，熟悉的

□汚ない（きたない）③	［形1］	阴险的
□勤勉（きんべん）⓪※	［名/形2］	勤勉，勤劳
□静か（しずか）①	［形2］	安静，平静；沉着
□正直（しょうじき）③④	［名/形2］	诚实，正直，直率
□親切（しんせつ）①	［名/形2］	亲切，热心，好心
□真剣（しんけん）⓪	［形2］	认真
□積極的（せっきょくてき）⓪	［形2］	积极的
□自慢（じまん）⓪	［名/动3他］	自夸，自大，骄傲
□丁寧（ていねい）①	［名/形2］	有礼貌，恭敬；小心谨慎
□熱心（ねっしん）①③	［名/形2］	热心，热情
□複雑（ふくざつ）⓪	［名/形2］	复杂
□真面目（まじめ）⓪	［名/形2］	认真，踏实，诚实
□利口（りこう）⓪※	［名/形2］	聪明，机灵；精明，细心周到
□わがまま③④	［名/形2］	任性，恣意，放肆
□勇気（ゆうき）①	［名］	勇气
□イメージ①②	［名］	（英）image 印象，形象

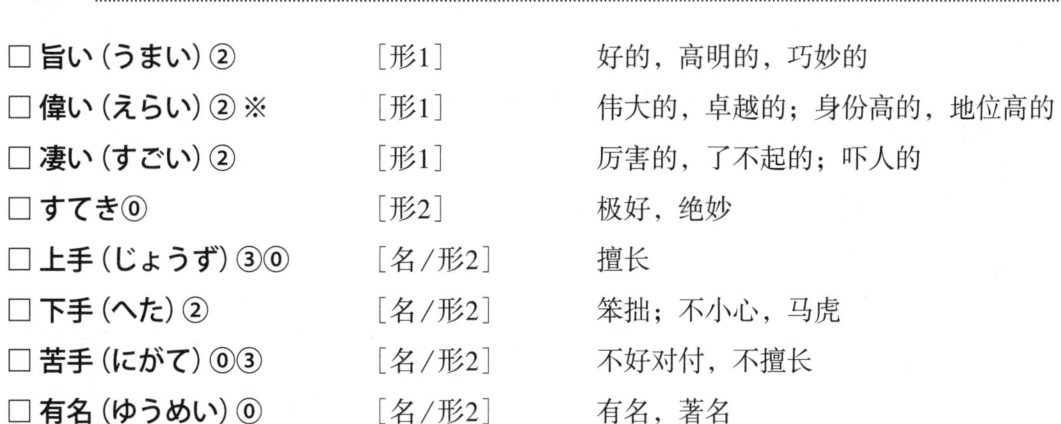

能力（のうりょく）/能力

□旨い（うまい）②	［形1］	好的，高明的，巧妙的
□偉い（えらい）②※	［形1］	伟大的，卓越的；身份高的，地位高的
□凄い（すごい）②	［形1］	厉害的，了不起的；吓人的
□すてき⓪	［形2］	极好，绝妙
□上手（じょうず）③⓪	［名/形2］	擅长
□下手（へた）②	［名/形2］	笨拙；不小心，马虎
□苦手（にがて）⓪③	［名/形2］	不好对付，不擅长
□有名（ゆうめい）⓪	［名/形2］	有名，著名

その他（ほか）/其他

□盛ん（さかん）⓪	［形2］	繁荣，兴旺

□ 適当（てきとう）⓪　［名／动3自／形2］　适当，适合；恰当；马虎，随便

□ 勢い（いきおい）③　［名］　气势，势力；趋势

□ いたずら⓪　［名／形2／动3自］　淘气，恶作剧，玩笑

□ 意欲（いよく）①　［名］　愿望，热情，积极性

□ 決心（けっしん）①③　［名／动3自他］　决心

□ 欠点（けってん）③　［名］　缺点，不足，毛病

□ 行為（こうい）①　［名］　行为

□ 根性（こんじょう）①　［名］　脾气，性情，秉性

□ 才能（さいのう）⓪　［名］　才能

□ 自立（じりつ）⓪　［名／动3自］　自立，独立

□ 自信（じしん）⓪　［名］　自信，信心

□ 自由（じゆう）②　［名／形2］　自由

□ 人物（じんぶつ）①　［名］　人物；人才

□ 態度（たいど）①　［名］　态度

□ 誇り（ほこり）⓪③　［名］　自豪，骄傲；自尊心

□ 人柄（ひとがら）⓪　［名］　人品，品质；好人品

□ 身分（みぶん）①　［名］　身份，地位

□ 魅力（みりょく）⓪　［名］　魅力

□ 油断（ゆだん）⓪　［名］　粗心大意，疏忽大意

例文／例句

1. 「あの人は何度も失敗したって、諦めない。」
   「根性があるね。」
2. あの子は賢くて、文字を1度見たら、間違いなく書くことができます。
3. 彼女は薄いコートを着ていて、真冬の町で人を待っている。
4. 今度だけはわがままをさせてください。

第二十章课后练习

问题一 写出下列日语单词对应的平假名。

1. 格好 ________　　2. 自由 ________
3. 特徴 ________　　4. 行為 ________
5. 表情 ________　　6. 欠点 ________
7. 普通 ________　　8. 適当 ________
9. 身長 ________　　10. 人物 ________
11. 正直 ________　　12. 賢い ________
13. 自慢 ________　　14. 強い ________
15. 真剣 ________　　16. 狭い ________
17. 勇気 ________　　18. 激しい ________
19. 利口 ________　　20. 勤勉 ________
21. 人柄 ________　　22. 高い ________
23. 意欲 ________　　24. 大きい ________
25. 魅力 ________　　26. 強い ________
27. 態度 ________　　28. 才能 ________

问题二 根据句子，选择合适的单词，并填入括号。

a. 自信　　b. 正直　　c. 格好　　d. 表情

1. この（　　）はあなたに似合いますね。
2. 何を見つけたのか、彼はびっくりした（　　）を浮かべている。
3. 妹は（　　）な人で、嘘をついた事が一度もないです。
4. 諦めないで。（　　）を持って、頑張ってください。

e. 高い　　f. 長い　　g. 若い　　h. 狭い

5. 佐藤さんは私より（　　）ですが、もうふたりの子供のお母さんです。

6. （　　）話になりそうで、まず食事をしてから、続きましょう。

7. 「これが欲しいでしょう。どうぞ。」
「ありがとう。やはり身長は（　　）ほうがいいよね。」

8. 新しい部屋は前の部屋より（　　）ので、ベッドを小さくしました。

第二十一章

物と事の様子、状態、感情、評価／事物描写

様子・状態1／样子、状态1

□明るい（あかるい）⓪③	［形1］	明亮的；鲜亮的；光明的
□浅い（あさい）⓪	［形1］	浅的；（颜色）淡的
□暖かい（あたたかい）④	［形1］	温暖的；富裕的
□新しい（あたらしい）④	［形1］	新的；新鲜的；新型的
□厚い（あつい）⓪	［形1］	厚的；深厚的
□熱い（あつい）②	［形1］	（温度）热的
□危ない（あぶない）⓪③	［形1］	危险的，不安全的
□良い（いい/よい）①	［形1］	好的
□痛い（いたい）②	［形1］	疼的；痛苦的
□忙しい（いそがしい）④	［形1］	忙碌的
□薄い（うすい）⓪	［形1］	薄的
□多い（おおい）①②	［形1］	多的
□大きい（おおきい）③	［形1］	大的，巨大的；广泛的；宏伟的
□遅い（おそい）⓪	［形1］	缓慢的；晚的，迟的
□重い（おもい）⓪	［形1］	（质量）重的
□軽い（かるい）⓪	［形1］	（质量）轻的
□輝かしい（かがやかしい）⑤	［形1］	耀眼的，辉煌的，光辉的
□硬い（かたい）⓪②	［形1］	硬的
□痒い（かゆい）②※	［形1］	痒的
□汚い（きたない）③	［形1］	脏的，不干净的
□暗い（くらい）⓪	［形1］	（光线）暗的；暗淡的；不鲜明的

□詳しい（くわしい）③　［形1］　详细的
□濃い（こい）①　［形1］　深色的；浓的；（关系）密切的
□細かい（こまかい）③※　［形1］　细小的；琐碎的；详细的；零碎的
□怖い（こわい）②　［形1］　可怕的，令人害怕的
□少ない（すくない）③　［形1］　少的
□狭い（せまい）②　［形1］　狭窄的，狭小的
□高い（たかい）②　［形1］　（价值、程度）高的；昂贵的
□低い（ひくい）②　［形1］　（价值、程度）低的；低劣的
□正しい（ただしい）③　［形1］　正确的，正当的
□近い（ちかい）②　［形1］　近的；相近的
□辛い（つらい）⓪②　［形1］　痛苦的；冷酷的
□遠い（とおい）⓪　［形1］　远的；疏远的
□無い（ない）①　［形1］　没有的；不存在的
□温い（ぬるい）②※　［形1］　微温的，半凉不热的；不严厉的
□眠い（ねむい）⓪②　［形1］　困的
□早い（はやい）②　［形1］　早的
□速い（はやい）②　［形1］　快的
□酷い（ひどい）②　［形1］　过分的，粗暴的；厉害的，严重的
□等しい（ひとしい）③　［形1］　相等的，相同的
□広い（ひろい）②　［形1］　宽阔的；广泛的
□深い（ふかい）②　［形1］　深的；浓的
□古い（ふるい）②　［形1］　旧的
□丸い（まるい）⓪※　［形1］　圆的
□難しい（むずかしい）④⓪　［形1］　困难的
□珍しい（めずらしい）④　［形1］　新奇的，新颖的，稀少的，罕见的
□易しい（やさしい）⓪　［形1］　简单的，容易的
□安い（やすい）②　［形1］　便宜的，低廉的
□柔らかい（やわらかい）④　［形1］　柔软的，柔和的
□緩い（ゆるい）②　［形1］　缓慢的
□よろしい③⓪　［形1］　可以的；好的
□悪い（わるい）②　［形1］　差的，坏的

様子（ようす）・状態（じょうたい）2／样子、状态2

□明らか（あきらか）②	［形2］	显然，明显
□新た（あらた）①※	［形2］	新；重新
□鮮やか（あざやか）②	［形2］	鲜明，鲜艳
□同じ（おなじ）⓪	［形2］	相同
□主（おも）①	［形2］	主要，重要
□確実（かくじつ）⓪	［名／形2］	可靠，准确
□完全（かんぜん）⓪	［名／形2］	完全，完整
□清らか（きよらか）②	［形2］	洁净，纯洁
□危険（きけん）⓪	［名／形2］	危险
□公平（こうへい）⓪	［名／形2］	公平
□困難（こんなん）①	［名／形2］	困难
□混雑（こんざつ）⓪	［名／形2］	混乱，杂乱
□さまざま②③	［形2］	各种各样
□十分（じゅうぶん）③	［副／形2］	十分，充分，足够
□重要（じゅうよう）⓪	［名／形2］	重要
□滑らか（なめらか）②	［形2］	光滑，平滑；顺畅，流利
□正確（せいかく）⓪	［形2］	正确
□ぜいたく③④	［名／形2］	奢侈，奢华；铺张浪费
□平ら（たいら）⓪	［形2］	平坦
□大変（たいへん）⓪	［形2］	重大，严重；不得了，费事
□大切（たいせつ）⓪	［形2］	重要，珍重
□特別（とくべつ）⓪	［名／形2／副］	特别
□必要（ひつよう）⓪	［名／形2］	必要
□不思議（ふしぎ）⓪	［名／形2］	不可思议，难以想象，奇怪
□平気（へいき）⓪	［名／形2］	无动于衷，不在乎
□変（へん）①	［形2］	异常，古怪
□本当（ほんとう）⓪	［名／形2］	真的；的确
□無駄（むだ）⓪	［名／形2］	徒劳，白费

□ 無理（むり）① ［名/形2］ 不合理，不讲理
□ 面倒（めんどう）③ ［名/形2］ 麻烦，费事，费劲；照顾
□ 豊か（ゆたか）① ［形2］ 富裕，丰富
□ 緩やか（ゆるやか）② ［形2］ 平缓；宽松

様子（ようす）・状態（じょうたい）3／样子、状态3

□ 明かり（あかり）⓪ ［名］ 光；灯
□ 誤り（あやまり）④③⓪ ［名］ 错误
□ 影（かげ）① ［名］ 影子
□ 故障（こしょう）⓪ ［名/动3自］ 故障
□ 像（ぞう）① ［名］ 影像，画像
□ 斜め（ななめ）② ［名/形2］ 倾斜
□ 生（なま）① ［名/形2］ 生的
□ 怠ける（なまける）③ ［动2自］ 懒惰，怠惰

その他（ほか）／其他

□ 形（かたち）⓪ ［名］ 形状；形式
□ 区別（くべつ）① ［名/动3自］ 区别
□ 原料（げんりょう）③ ［名］ 原料
□ 質（しつ）⓪② ［名］ 本质，质量
□ 品物（しなもの）⓪ ［名］ 物品；商品；货物
□ 種類（しゅるい）① ［名］ 种类
□ 商品（しょうひん）① ［名］ 商品
□ 性質（せいしつ）⓪ ［名］ 性格，脾气；性质，特性
□ 程度（ていど）①⓪ ［名］ 程度
□ 物（もの）②⓪ ［名］ 物品，东西

例文(れいぶん)／例句

1. パソコンが妹(いもうと)に壊(こわ)されて、新(あたら)しいのを買(か)いました。
2. 説明(せつめい)が詳(くわ)しくて、理解(りかい)しやすいです。
3. 柔(やわ)らかい春(はる)の日差(ひざ)しが体(からだ)に当(あ)たって、気持(きも)ちがいいです。
4. 子供(こども)たちが不思議(ふしぎ)がって、そちらを見(み)ている。

第二十一章课后练习

问题一 写出下列日语单词对应的平假名。

1. 古い ________　　2. 斜め ________
3. 厚い ________　　4. 性質 ________
5. 深い ________　　6. 故障 ________
7. 明るい ________　　8. 大切 ________
9. 貧しい ________　　10. 緩い ________
11. 等しい ________　　12. 安い ________
13. 困難 ________　　14. 悪い ________
15. 危険 ________　　16. 危ない ________
17. 無駄 ________　　18. 面倒 ________
19. 特別 ________　　20. 商品 ________
21. 完全 ________　　22. 製品 ________
23. 当然 ________　　24. 平気 ________
25. 混雑 ________　　26. 怖い ________
27. 十分 ________　　28. 難しい ________

问题二 根据句子，选择合适的单词，并填入括号。

a. 当然　　b. 面倒　　c. 危険　　d. 大切

1. この時計は誕生日におばあさんからもらったから、（　　）にしています。
2. 1人で山奥に入るのは（　　）すぎる。
3. 彼は勤勉家だから、成功するのは（　　）だ。
4. お年寄りの（　　）を見るのが大変です。

e. 深い　　f. 安い　　g. 眠い　　h. 新しい

5. 子供は 1 人でプールの（　　）ところへ行かないでください。
6. 「昨日遅くまで起きていたので、今はすごく（　　）です。」
「じゃあ、コーヒーでも飲んだら？」
7. バーゲン会場の服はとても（　　）です。
8. パソコンはだいぶ古くなって、（　　）のを買わないと。

テスト 4／测试 4

一、从A、B、C、D四个选项中，选出画线部分对应的汉字。

1. 子供のめんどうを見てくれて、ありがとう。

   A. 面等　B. 面倒　C. 鳴動　D. 道路

2. しまった、腕時計が壊れた、李さんの時計はせいかくですか。

   A. 性格　B. 正確　C. 正実　D. 成績

3. しょうじきなところ、私はあなたを信用していないです。

   A. 正直　B. 実　C. 実現　D. 賞状

4. 外国語教育はコミュニケーションの練習のやくわりを果たす。

   A. 意味　B. 作用　C. 促進　D. 役割

5. 異文化のこうりゅうが大事なことです。

   A. 異同　B. 交流　C. 古流　D. 綱領

6. あの人にはじょうだんも言えない。

   A. 商談　B. 相談　C. 称嘆　D. 冗談

7. 国民はみんな負わなければならないぎむがあります。

   A. 権力　B. 義務　C. 養老　D. 扶養

8. 敵との間にしょうとつがあった。

   A. 喧嘩　B. 防止　C. 諸突　D. 衝突

二、从A、B、C、D四个选项中，选出画线部分对应的假名。

9. 新鮮な空気を吸って、心が落ちつきます。

   A. しんせん　B. しんせい　C. あたせん　D. あたせい

10. 彼は権力の争いに敗れました。

    A. けんちから　B. けんりょく　C. けいりょく　D. けいちから

11. 吉田さんには真面目という特徴があります。

    A. とくちょう　B. とくちょ　C. とくちゅう　D. とくちゅ

12. この事件は複雑に入りくんでいます。

    A. ふくさつ　B. ふうさつ　C. ふくざつ　D. ふうざつ

13. あの先生は<u>普通</u>以上の知識を持っています。

A. ふつう　　B. ふとん　　C. ぶつう　　D. ぶとん

14. こんなにうまくいったのもあなたのお<u>人柄</u>だよね。

A. ひとから　　B. にんがら　　C. ひとがら　　D. にんから

15. 自分のしたことを<u>後悔</u>しました。

A. こうがい　　B. こうかい　　C. こがい　　D. こかい

16. わたしには時間がもっとも<u>重要</u>なものだ。

A. じゅうよう　　B. じゅよ　　C. じゅうよ　　D. じゅよう

三、从A、B、C、D四个选项中，选出合适的选项，填入括号。

17. 人に褒められるのは（　　）がいいものです。

A. 頭　　B. 気持　　C. 心　　D. 感情

18. 故郷のことが（　　）思い出されました。

A. 懐かしくて　　B. 古くて　　C. 長くて　　D. 短くて

19. 難しいと思っても、心をこもった（　　）な態度で接しています。

A. 朗らか　　B. 豊か　　C. 穏やか　　D. にぎやか

20. アンゴラ兎を三（　　）買いました。

A. 個　　B. 羽　　C. 枚　　D. 戸

21. 彼女は昨日熱があって、今日はどうなったのが（　　）になる。

A. 根性　　B. 気　　C. 顔　　D. 生活

22. 道路で遊んでは（　　）です。

A. 悲しい　　B. 嬉しい　　C. 刺激　　D. 危ない

23. 初対面の人にいい（　　）を与えてください。

A. イメージ　　B. イージー　　C. アイデア　　D. アルバイト

24. デパートにはたくさんの（　　）のプレゼントがあります。

A. 異類　　B. 品　　C. 種類　　D. 元気

25. いつもお（　　）になっております。

A. 生活　　B. 隣　　C. 世話　　D. 皆

26. 彼はいい年をしている割には言うことが（　　）。

A. 短い　　B. 幼い　　C. 可愛い　　D. 美しい

27. あの子は(　　)正しく来客に挨拶します。

A. 気持ち　B. 感情　C. 観念　D. 礼儀

28. 自分が(　　)と思っている人が嫌いだ。

A. 濃い　B. 小さい　C. 冷たい　D. 偉い

29. 牛乳を飲んで(　　)が伸びると母がいつも言っている。

A. 身長　B. 背中　C. お腹　D. 心

30. 彼女の生前の(　　)が今でもありありと目に浮かびます。

A. 姿　B. 綺麗　C. 真剣　D. 賢い

副詞（ふくし）1／副词1

副詞（ふくし）（ア行～タ行）／副词（“ア”行至“タ”行）

□あっさり③	［副／动3自］	清淡；轻易，简单
□あまり③	［副］	很，非常，过于；（后接否定表达方式）不太，不怎么
□いっぱい⓪	［副］	满
□いつまでも①※	［副］	无论何时，永远，始终
□いよいよ②	［副］	越发，更加；终于
□色々（いろいろ）⓪	［副］	各种各样
□主に（おもに）①	［副］	主要
□およそ⓪	［副／名］	大概，大体上；凡是；（后接否定表达方式）完全
□必ず（かならず）⓪	［副］	一定，必定，必然，注定
□きちんと②	［副／动3自他］	整洁，干干净净，整整齐齐；准确；好好地
□きっと⓪	［副］	一定
□結局（けっきょく）⓪	［副］	结局，结果，终究，归根到底
□こうして⓪	［副］	这样
□幸い（さいわい）⓪	［副／名］	幸亏；幸运
□さっき①	［副］	刚才，方才
□じっと⓪	［副／动3自］	一动不动；不动声色；聚精会神
□しばらく②	［副］	一会儿，不久
□随分（ずいぶん）①	［副／形2］	很，非常，相当；过分
□すぐ①	［副］	马上，立即；很近
□すべて①	［副／名］	一切，全部，所有

□せっかく⓪	［副］	好不容易，特意，难得
□絶対（ぜったい）⓪	［副］	绝对，一定；（后接否定表达方式）绝对不
□そのうち⓪ ※	［副］	不久，最近，这几天
□そろそろ①	［副］	不久，就要，快要；慢慢地
□大体（だいたい）⓪	［副／名］	大致，大体上
□大抵（たいてい）⓪	［副］	大抵，大致上，大体上
□大分（だいぶ）⓪	［副］	很，颇，相当
□大変（たいへん）⓪	［副／名］	很，非常；大事，严重；辛苦
□たちまち⓪	［副］	一会儿，突然
□多分（たぶん）①⓪	［副／名］	大概，或许，恐怕；很多
□偶に（たまに）⓪	［副］	有时，偶尔
□ちっとも③ ※	［副］	（后接否定表达方式）一点也不，根本不
□ちゃんと⓪	［副／动3自］	端正，规矩，整齐；准确，明确
□つい①	［副］	不知不觉，无意中，不由得，不禁
□ついでに⓪	［副］	顺便，顺手
□ついに①	［副］	终于，最终
□どう①	［副］	如何，怎样
□どうか①	［副］	请，务必；设法
□どうして①	［副］	如何，怎样；为什么
□当然（とうぜん）⓪	［副／名／形2］	当然，应当
□どうぞ①	［副］	请
□とうとう①	［副］	终于，到底
□どんどん①	［副］	持续不断地；顺利地

副詞（ふくし）（ナ行～ワ行）／副词（“ナ”行至“ワ”行）

□なお①	［副／接续］	仍然，依然，尚；更，还，再；另外
□なぜ①	［副］	为什么
□なるべく⓪③	［副］	尽量，尽可能
□なるほど⓪	［副］	诚然，的确，果然

□ 初めて（はじめて）②	［副］	初次，第一次，最初
□ 非常に（ひじょうに）⓪	［副］	非常，很
□ 普段（ふだん）①	［副／名］	平时，平常
□ 別に（べつに）⓪	［副］	（后接否定表达方式）并不；除外，另外
□ 本当に（ほんとうに）⓪	［副］	实在，的确
□ まあまあ①	［副／形2］	总算，好歹，凑合；好了好了
□ 誠に（まことに）⓪	［副］	实在，诚然
□ まさか①	［副］	一旦，万一；莫非，难道
□ まず①	［副］	最先，首先；姑且；大概，大致
□ 又（また）⓪	［副／接续］	又，再，还；并且，同时；或者
□ 全く（まったく）④⓪	［副］	完全，全然；实在，简直
□ めったに① ※	［副］	（后接否定表达方式）几乎没有，很少
□ もう⓪①	［副］	已经；马上，就要；再，还
□ もし①	［副］	如果，假设，万一
□ やがて⓪	［副］	不久，马上；最终，结果
□ 約（やく）①	［副］	大约，大体
□ ようやく⓪	［副］	渐渐；终于，总算
□ よく①	［副］	充分地，好好地；经常
□ わざと①	［副］	故意
□ わざわざ①	［副］	特意；故意
□ わずか① ※	［副］	一点点，仅仅，勉勉强强

例文(れいぶん)／例句

1. あの事件(じけん)からやがて一年(いちねん)になります。
2. あの人を連(つ)れてくるのはまったく煩(わずら)わしいですよ。
3. 買(か)い物(もの)に行(い)ったついでに料理(りょうり)の本(ほん)を買(か)ってきた。
4. わざわざ迎(むか)えに来(き)てくれて、誠(まこと)にありがとうございます。

第二十二章课后练习

问题一 **写出下列日语单词对应的中文含义。**

1. あっさり ________　　2. なぜ ________
3. いよいよ ________　　4. まず ________
5. きちんと ________　　6. なるべく ________
7. じっと ________　　8. しばらく ________
9. およそ ________　　10. まったく ________
11. かならず ________　　12. まさか ________
13. なるほど ________　　14. ふだん ________
15. よく ________　　16. たぶん ________
17. どんどん ________　　18. すぐ ________
19. たいてい ________　　20. わざわざ ________

问题二 **根据句子，选择合适的单词，并填入括号。**

a. そろそろ　　b. 絶対　　c. たちまち　　d. じっと

1. 約束したことは（　　）に破りません。
2. 雷が鳴ったかと思ったら、（　　）雨が降りました。
3. 佐藤さんは飾り窓の人形を（　　）見ています。
4. （　　）出かけようか。じゃないと、電車が間に合わないよ。

e. ついでに　　f. ちっとも　　g. どうか　　h. まさか

5. 帰郷の途中、（　　）学校を尋ねました。
6. 宝くじが当たったなんて、（　　）。
7. この問題は難しすぎて、先生に何回教えてもらっても（　　）わかりません。
8. （　　）田中先生には今回の会議に出席していただけないでしょうか。

副詞（ふくし）2／副词2

副詞（ふくし）（ア行～タ行）／副词（“ア”行至“タ”行）

□ あるいは② ※	［副］	或者，或许
□ 一番（いちばん）②⓪	［副］	最，顶
□ 一緒に（いっしょに）⓪	［副］	一起，一同
□ いっそう⓪	［副］	越发，更加
□ いつも①	［副／名］	总是，经常；平时
□ 恐らく（おそらく）② ※	［副］	恐怕，大概，或许
□ お互いに（おたがいに）⓪	［副］	互相
□ がっかり③	［副／动3自］	失望，灰心丧气
□ かなり①	［副／形2］	颇，很；相当
□ 極めて（きわめて）② ※	［副］	极其，非常
□ 決して（けっして）⓪	［副］	（后接否定表达方式）决不
□ これから⓪	［副／名］	从现在起，今后；接下来
□ 早速（さっそく）⓪	［副］	立刻，马上
□ さっぱり③	［副／动3自］	整洁，利落；直率；彻底；（后接否定表达方式）一点也不
□ しっかり③	［副／动3自］	结实，牢固；坚定，稳重，可靠；（精神）清醒
□ 実際（じっさい）⓪	［副／名］	实际上，的确；事实，实际
□ 少し（すこし）②	［副］	稍微，少许，一点
□ 少しも（すこしも）②⓪	［副］	（后接否定表达方式）一点也不
□ すっかり③	［副］	完全，全部
□ ずっと⓪	［副］	（表示比较）……得多；一直，始终

词汇	词性	释义
□是非（ぜひ）①	［副/名］	务必，必须；是非
□全然（ぜんぜん）⓪	［副］	（后接否定表达方式）完全不，一点也不
□それぞれ②③	［副/名］	各个，每个
□それほど⓪	［副］	那么，那样
□沢山（たくさん）⓪③	［副/名/形2］	很多；足够
□確かに（たしかに）①	［副］	确实，确切
□ただ①	［副/接续］	仅，只；不过
□たった⓪ ※	［副］	仅，只
□例え（たとえ）③②	［副］	（后接“～ても”搭配使用）即使，尽管
□例えば（たとえば）②	［副］	譬如，比如，例如
□段々（だんだん）①⓪	［副］	渐渐，逐渐
□ちょうど⓪	［副］	正好，恰好
□ちょっと①	［副］	稍微，一点儿
□次々（つぎつぎ）②	［副］	依次，相继，连续不断
□都合（つごう）⓪	［副/名/动3他］	方便（与否）；合计；情况；设法
□常に（つねに）①	［副］	经常，时常
□つまり①	［副］	总之，也就是说
□どうも①	［副］	实在；总觉得
□時に（ときに）②	［副］	时值；有时，偶尔
□特に（とくに）①	［副］	特别，格外
□突然（とつぜん）⓪	［副/形2］	突然
□とても⓪	［副］	非常，很；（后接否定表达方式）无论如何也
□とにかく① ※	［副］	总之，不管怎样
□共に（ともに）⓪①	［副］	共同，一起；同时

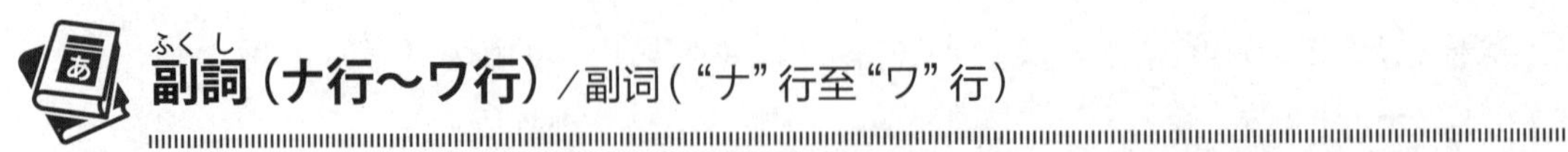

副詞（ふくし）（ナ行～ワ行）/副词（“ナ”行至“ワ”行）

词汇	词性	释义
□なかなか⓪	［副］	很，非常，相当；（后接否定表达方式）轻易不

□なんと①	[副]	多么，何等；怎样，如何
□何とか（なんとか）①	[副]	设法；勉强；无论如何
□何となく（なんとなく）④※	[副]	总觉得，不由得，无意中
□のんびり③	[副/动3自]	悠闲自在，无拘无束
□はっきり③	[副/动3自]	清楚，清晰；爽快
□びっくり③	[副/动3自]	吃惊，吓一跳
□再び（ふたたび）⓪	[副]	再，又，重
□ほっと⓪①	[副/动3自]	叹气；放心
□ほとんど②	[副]	大体上，大概，几乎，差不多
□ますます②	[副]	越发，越来越，更加
□まだ①	[副]	尚，还，未；才，仅
□まだまだ①	[副]	还是，仍然；还有
□間もなく（まもなく）②	[副]	不久，一会儿
□まるで⓪	[副]	宛如，好像，仿佛
□勿論（もちろん）②	[副]	当然，不用说
□もっと①	[副]	更，再
□最も（もっとも）③①	[副]	最
□やっと⓪③	[副]	好不容易，终于
□やはり②	[副]	还是，仍然；果然；归根到底
□ゆっくり③	[副/动3自]	慢慢；舒适；充分
□よほど⓪	[副]	很，颇，相当；很想做
□割合（わりあい）⓪	[副/名]	比较；意外地

副詞的に用いられる単語／具有副词用法的单词

□一生懸命（いっしょうけんめい）⑤	[名/形2]	拼命，努力
□一般（いっぱん）⓪	[名]	一般，普通
□大勢（おおぜい）③	[名]	很多（人）
□先程（さきほど）⓪	[名]	刚才，方才
□さて①	[接续]	（用于转移话题）那么，且说

□ **事実（じじつ）①**	［名］	事实；实际上，事实上
□ **全部（ぜんぶ）①**	［名］	全部，全，都
□ **その後（そのあと）③**	［词组］	在那之后
□ **その上（そのうえ）⓪**	［接续］	而且，并且
□ **その他（そのほか/そのた）⓪**	［词组］	其他，除此之外
□ **できるだけ⓪**	［词组］	尽量，尽力
□ **でも①**	［接续］	但是
□ **まっすぐ③**	［名/形2］	笔直；正直，直率；直接，径直

例文（れいぶん）/例句

1. まるで夢（ゆめ）のような話（はなし）です。
2. あとは私（わたし）が何（なん）とかしますから、あなたはもう戻（もど）っていいですよ。
3. 再（ふたた）び故郷（ふるさと）へ帰（かえ）って、いろいろな思（おも）い出（で）が頭（あたま）に浮（う）かんできた。
4. 彼（かれ）の言（い）い方（かた）から考（かんが）えると、今回（こんかい）の試験（しけん）は恐（おそ）らく失敗（しっぱい）でしょう。

第二十三章课后练习

问题一 写出下列日语单词对应的中文含义。

1. はっきり ________ 2. いつも ________
3. いっそう ________ 4. のんびり ________
5. やっと ________ 6. これから ________
7. 特に ________ 8. ずっと ________
9. すっかり ________ 10. ぜんぶ ________
11. それぞれ ________ 12. たとえば ________
13. ほとんど ________ 14. もっと ________
15. ますます ________ 16. やはり ________
17. まっすぐ ________ 18. すこし ________
19. ちょうど ________ 20. つごう ________
21. つまり ________ 22. つぎつぎ ________

问题二 根据句子，选择合适的单词，并填入括号。

a. いつも　b. たくさん　c. まるで　d. はっきり

1. みんなが分かるように、(　　)説明してください。
2. この先の公園では、(　　)の人が集まっています。
3. 地球は(　　)自転しています。
4. この絵の人物は(　　)生きているようです。

e. ますます　f. なかなか　g. ゆっくり　h. 間もなく

5. 社長はただいま会議中なので、しばらくここで(　　)していてください。
6. (　　)試合が始まりますので、よく準備してください。
7. あれこれ考えて(　　)眠れません。
8. 雨が止むどころか、(　　)激しくなりました。

動詞（どうし）1／动词1

動詞（どうし）（ア行～サ行）／动词（“ア”行至“サ”行）

□会う（あう）①	［动1自］	见面，碰见，遇见
□合う（あう）①	［动1自］	一致，相符；合适，相称；（构成复合动词）互相……
□遭う（あう）①	［动1自］	遭遇，遭到
□諦める（あきらめる）④	［动2他］	放弃
□開く（あく）⓪	［动1自］	打开
□開ける（あける）⓪	［动2他］	打开
□憧れる（あこがれる）⓪	［动2自］	憧憬，向往
□当たる（あたる）⓪	［动1自］	碰上，撞上；命中，猜对
□当てる（あてる）⓪	［动2他］	打，碰，撞；猜一猜，推测
□溢れる（あふれる）③	［动2自］	溢出；充满
□歩む（あゆむ）②	［动1自］	行，走，前进
□表す（あらわす）③	［动1他］	表现，表示
□有る（ある）①	［动1自］	（事物）有；在
□合わせる（あわせる）③	［动2他］	合并；使一致
□苛める（いじめる）⓪	［动2他］	欺负，虐待
□居る（いる）⓪	［动2自］	（人或动物）有；在
□要る（いる）⓪	［动1自］	需要，必要
□浮かぶ（うかぶ）⓪	［动1自］	漂浮，飘浮；浮现，露出；想起
□浮かべる（うかべる）⓪	［动2他］	使漂浮；使出现；回忆起
□動かす（うごかす）③	［动1他］	移动，摇动，挪动；开动；发动
□動く（うごく）②	［动1自］	移动，摇动；转动，运转；行动

□ 打つ（うつ）① ［动1他］ 打，击，拍；打动，感动
□ 得る（うる）① ［动1他］ 得到，获得；（构成复合动词）可能……
□ 得る（える）① ［动2他］ 得到，获得；（构成复合动词，多用“～えない”的形式）不可能……
□ 負う（おう）⓪ ［动1他］ 背；承担；负（伤）
□ 遅れる（おくれる）⓪ ［动2自］ 晚，迟，耽误
□ 行う（おこなう）⓪ ［动1他］ 实行，进行，举行
□ 教える（おしえる）⓪ ［动2他］ 教授
□ 教わる（おそわる）⓪ ［动1他］ 受教，跟……学习
□ 訪れる（おとずれる）④ ［动2自］ 访问，拜访
□ 降りる（おりる）② ［动2自］ 下来，降落；（从交通工具上）下来
□ 降ろす（おろす）② ［动1他］ 降下，取下
□ 返す（かえす）① ［动1他］ 归还，退回
□ 帰す（かえす）① ［动1他］ 使回去，让……回去
□ 帰る（かえる）① ［动1自］ 回归，回来；回去
□ 変える（かえる）⓪ ［动2他］ 改变，变更
□ 替える（かえる）⓪ ［动2他］ 替换，更换
□ 変わる（かわる）⓪ ［动1自］ 变化，改变
□ 替わる（かわる）⓪ ［动1自］ 更换，替代
□ 感じる（かんじる）⓪ ［动2自他］ 感觉，觉得
□ 消える（きえる）⓪ ［动2自］ 消失；熄灭
□ 鍛える（きたえる）③ ［动2他］ 锻炼，锤炼
□ 気付く（きづく）② ［动1自］ 注意到，察觉，意识到
□ 崩す（くずす）② ［动1他］ 拆毁；打乱；换零钱
□ 崩れる（くずれる）③ ［动2自］ 崩溃；坍塌，倒塌；零乱，走样
□ 下さる（くださる）③ ［动1他］ （尊敬语）给予，赐予，授予，给我
□ くれる⓪ ［动2他］ 给我
□ 加える（くわえる）③⓪ ［动2他］ 增加，添加；加大，扩大；包含，包括
□ 加わる（くわわる）③⓪ ［动1自］ 增加；增长，增大；参加，加入
□ 蹴る（ける）① ［动1他］ 踢，踹，蹬

□ 超える（こえる）⓪	［动2自］	超越，越过；超出，超过
□ 凍る（こおる）⓪	［动1自］	结冰；冻住
□ 答える（こたえる）③②	［动2自］	回答，答复
□ 拘る（こだわる）③	［动1自］	拘泥
□ 断る（ことわる）③	［动1他］	拒绝，谢绝
□ 好む（このむ）②	［动1他］	喜欢，爱好
□ 壊す（こわす）②	［动1他］	弄坏，毁坏；损害，破坏
□ 壊れる（こわれる）③	［动2自］	坏，碎；出故障；破裂，失败
□ 叫ぶ（さけぶ）②	［动1自他］	大声叫；呼吁
□ 避ける（さける）②	［动2他］	回避，避开；避免
□ 騒ぐ（さわぐ）②	［动1自］	吵闹，吵吵嚷嚷
□ 触る（さわる）⓪	［动1自］	触，摸，碰
□ 叱る（しかる）⓪	［动1他］	责备，训斥
□ 敷く（しく）⓪	［动1他］	铺，铺设
□ 従う（したがう）⓪③	［动1自］	跟随，伴随；服从，顺从
□ 縛る（しばる）②	［动1他］	捆，绑；束缚
□ 絞る（しぼる）②	［动1他］	榨，拧，挤
□ 終う（しまう）⓪	［动1他］	做完，结束；（接在动词て形后）……完了
□ 閉まる（しまる）②	［动1自］	关闭
□ 閉める（しめる）②	［动2他］	关闭
□ 過ぎる（すぎる）②	［动2自］	过，经过；超过；过分；（构成复合动词）过于……
□ 過ごす（すごす）②	［动1他］	度过；生活
□ 捨てる（すてる）⓪	［动2他］	抛弃，放弃；扔掉（垃圾等）；不顾不理
□ 滑る（すべる）②	［动1自］	滑行，打滑；说漏嘴
□ 済む（すむ）①	［动1自］	（事情）终了，结束
□ 注ぐ（そそぐ）⓪②	［动1自他］	流入，注入，浇灌，引入
□ 揃う（そろう）②	［动1自］	一致；齐全，备齐
□ 揃える（そろえる）③	［动2他］	使一致；使备齐；使成对

動詞(どうし)(タ行～ワ行)／动词("タ"行至"ワ"行)

□対する(たいする)③	[动3自]	面对，面向
□高める(たかめる)③	[动2他]	提高；加强
□託する(たくする)③	[动1他]	托付，委托；寄托
□叩く(たたく)②	[动1他]	敲，拍，打
□畳む(たたむ)⓪	[动1他]	叠，折叠
□食べる(たべる)②	[动2他]	吃，喝
□騙す(だます)②	[动1他]	骗，欺骗
□堪る(たまる)⓪	[动1自]	忍耐，受得了
□貯める(ためる)⓪	[动2他]	积攒，储存
□保つ(たもつ)②	[动1自他]	保持，维持；(状态)持续
□捕まえる(つかまえる)⓪	[动2他]	抓住，捉住
□摑む(つかむ)②	[动1他]	抓住，抓在手里；掌握，领会
□付く(つく)①②	[动1自]	附上，沾上，附着；跟随，跟着
□継ぐ(つぐ)⓪	[动1他]	继承，接上；继续；添加，续上
□付ける(つける)②	[动2他]	装上，安上，带上，穿上，挂上，系上
□包む(つつむ)②	[动1他]	包，裹；包围，笼罩
□呟く(つぶやく)③	[动1自]	嘟囔；自言自语
□積む(つむ)⓪	[动1他]	堆积，积累
□積もる(つもる)②⓪	[动1自]	堆积，积累
□出来る(できる)②	[动2自]	发生；形成；做好，完成；能够
□溶ける(とける)②	[动2自]	溶化，熔化
□閉じる(とじる)②	[动2自他]	闭，关闭
□飛ぶ(とぶ)⓪	[动1自]	飞，飞行，飞翔；跳
□直す(なおす)②	[动1他]	改正，修改；修复，修理
□直る(なおる)②	[动1自]	改正好，矫正好；修理好
□眺める(ながめる)③	[动2他]	凝视，注视；眺望
□並ぶ(ならぶ)⓪	[动1自]	排列，列队；匹敌
□並べる(ならべる)⓪	[动2他]	排列；陈列

□ なる① ［动1自］ 完成；变成，成为
□ 握る（にぎる）⓪ ［动1他］ 握，攥；掌握
□ 縫う（ぬう）① ［动1他］ 缝
□ 抜く（ぬく）⓪ ［动1他］ 抽出，拔出；（构成复合动词）……到底
□ 抜ける（ぬける）⓪ ［动2自他］ 脱落；遗漏，缺少；消失
□ 盗む（ぬすむ）② ［动1他］ 偷盗，盗窃
□ 濡れる（ぬれる）⓪ ［动2自］ 淋湿，湿润
□ 残す（のこす）② ［动1他］ 留下，剩下；遗留
□ 残る（のこる）② ［动1自］ 留下，剩下；遗留
□ 除く（のぞく）⓪ ［动1他］ 消除，除去，除掉
□ 伸ばす（のばす）② ［动1他］ 拉长，伸展；扩大，扩展；发挥，发展
□ 伸びる（のびる）② ［动2自］ 伸长，变长；伸展，抻开；增加，扩大
□ 乗る（のる）⓪ ［动1自］ 乘坐，骑，搭乘
□ 計る（はかる）② ［动1他］ 测定，测量
□ 穿く（はく）⓪ ［动1他］ 穿（裤子等下半身服装）
□ 果たす（はたす）② ［动1他］ 完成，实现，履行
□ 放す（はなす）② ［动1他］ 放开，撒开
□ 話す（はなす）② ［动1他］ 说，讲
□ 嵌める（はめる）⓪ ［动2他］ 镶，嵌，安上
□ 払う（はらう）② ［动1他］ 支付；掸去（灰尘）
□ 腫れる（はれる）⓪ ［动2自］ 肿，肿胀
□ 光る（ひかる）② ［动1自］ 发光，发亮
□ 広がる（ひろがる）⓪ ［动1自］ 变宽，拓宽；扩大，蔓延
□ 広げる（ひろげる）⓪ ［动2他］ 展开，打开，摊开；拓展，扩大
□ 吹く（ふく）①② ［动1他］ 吹（气）；刮（风）
□ 拭く（ふく）⓪ ［动1他］ 擦，抹
□ 含む（ふくむ）② ［动1他］ 含有，包括；怀有
□ 含める（ふくめる）③ ［动2他］ 包含，包括
□ ぶつかる⓪ ［动1自］ 撞，碰；（偶然）遇上，碰上；冲突，碰撞
□ ぶつける⓪ ［动2他］ 扔，投，撞上，碰上

□ 減らす（へらす）⓪	［动1他］	减少
□ 減る（へる）⓪	［动1自］	减少；（肚子）饿
□ 放る（ほうる）⓪	［动1他］	抛，扔
□ 参る（まいる）①	［动1自］	去，来；认输
□ 負ける（まける）⓪	［动2自］	输，负，败
□ 間違う（まちがう）③	［动1自他］	错，不对；弄错
□ 間違える（まちがえる）④③	［动2他］	弄错，搞错
□ 待つ（まつ）①	［动1他］	等，等候，等待
□ まとまる⓪	［动1自］	集中，统一，一致；解决，谈妥
□ まとめる⓪	［动2他］	汇总，收集；总结，概括；谈妥，解决
□ 見つかる（みつかる）⓪	［动1自］	被看到，被发现；找到
□ 見つける（みつける）⓪	［动2他］	找到，发现
□ 迎える（むかえる）⓪	［动2他］	迎接；（某段时期）到来，来临
□ 恵まれる（めぐまれる）⓪④	［动2自］	富有，充足；被赋予
□ 設ける（もうける）③	［动2他］	预备，准备；设立，制定
□ もたらす③	［动1他］	带来，招致，造成
□ 持つ（もつ）①	［动1他］	持，拿；持有，怀有
□ 求める（もとめる）③	［动2他］	寻找；要求，征求；渴望
□ 養う（やしなう）③⓪	［动1他］	养育，抚养，喂养，培养，饲养
□ 痩せる（やせる）⓪	［动2自］	瘦
□ 雇う（やとう）②	［动1他］	雇用
□ やる⓪	［动1他］	做，搞，干，给
□ 許す（ゆるす）②	［动1他］	允许，许可，准许；原谅
□ 呼ぶ（よぶ）⓪	［动1他］	招呼，呼唤，呼喊
□ 読む（よむ）①	［动1他］	读，念
□ 分かる（わかる）②	［动1自］	知道；理解
□ 分かれる（わかれる）③	［动2自］	划分开；分歧
□ 別れる（わかれる）③	［动2自］	分离，分别，分手
□ 分ける（わける）②	［动2他］	分开，分配，划分

例文(れいぶん)／例句

1. 都市(とし)に憧(あこが)れ、農村(のうそん)を軽視(けいし)する古(ふる)い考(かんが)え方(かた)を捨(す)ててください。
2. 中国(ちゅうごく)は石油(せきゆ)や石炭(せきたん)などの地下資源(ちかしげん)に恵(めぐ)まれています。
3. この小説(しょうせつ)は面白(おもしろ)さが評判(ひょうばん)を呼(よ)んで、飛(と)ぶように売(う)れています。
4. 一人前(いちにんまえ)の選手(せんしゅ)になるのを目指(めざ)しています。

第二十四章课后练习

问题一 写出下列日语单词对应的平假名。

1. 迎える ________
2. 除く ________
3. 閉じる ________
4. 保つ ________
5. 当たる ________
6. 凍る ________
7. 教わる ________
8. 持つ ________
9. 読む ________
10. 包む ________
11. 好む ________
12. 積む ________
13. 含む ________
14. 表す ________
15. 飛ぶ ________
16. 盗む ________
17. 負ける ________
18. 済む ________
19. 揃う ________
20. 捕まえる ________
21. 壊す ________
22. 鍛える ________
23. 叫ぶ ________
24. 並ぶ ________
25. 崩す ________
26. 避ける ________
27. 断る ________
28. 呼ぶ ________
29. 答える ________
30. 恵まれる ________
31. 帰る ________
32. 雇う ________
33. 果たす ________
34. 許す ________
35. 縛る ________
36. 過ごす ________
37. 縫う ________
38. 畳む ________
39. 払う ________
40. 打つ ________
41. 対する ________
42. 計る ________
43. 高める ________
44. 合わせる ________
45. 滑る ________
46. 広がる ________
47. 憧れる ________
48. 感じる ________
49. 放る ________
50. 訪れる ________

51. 分かる	________	52. 教える	________
53. 負う	________	54. 加える	________
55. 付く	________	56. 浮かぶ	________
57. 伸ばす	________	58. 捨てる	________
59. 騒ぐ	________	60. 食べる	________
61. 設ける	________	62. 消える	________
63. 握る	________	64. 注ぐ	________

问题二 根据句子，选择合适的单词，并以适合的形式填入括号。

養う　　払う　　話す　　迎える

1. （　　）みると、彼は面白い人です。
2. 子供を（　　）のは親の義務である。
3. 自動車で（　　）に行く客を家まで連れてきた。
4. 彼は高い代償を（　　）、やっと成功した。

眺める　　ぶつかる　　諦める　　直す

4. 窓の外を（　　）と、遠くの山には桜が満開です。
5. 今朝、頭が柱に（　　）てしまって、とても痛かった。
6. 何があっても、私は絶対に（　　）最後まで頑張っていこうと誓います。
7. すみません、このパソコンが壊れて、（　　）てもらいませんか。

第二十五章

動詞(どうし)2/动词2

動詞(どうし)(ア行～サ行)/动词("ア"行至"サ"行)

□上がる(あがる)⓪　［动1自］　上，升，登；举起，抬起；晋级；结束，完成

□上げる(あげる)⓪　［动2他］　举起，抬起；提高，增加；取得；举例，列举

□揚げる(あげる)⓪　［动2他］　放(风筝)，悬；(用油)炸

□味わう(あじわう)⓪③　［动1他］　品味；体验；玩味，欣赏

□温める(あたためる)④　［动2他］　温，热

□謝る(あやまる)③　［动1他］　道歉，赔礼；谢绝

□洗う(あらう)⓪　［动1他］　洗；冲刷

□現す(あらわす)③　［动1他］　显露，显示，显现

□歩く(あるく)②　［动1自］　走，步行

□行く(いく)⓪　［动1自］　去，往，到

□祈る(いのる)②　［动1他］　祈祷

□受ける(うける)②　［动2自他］　接受，承接；得到

□失う(うしなう)⓪　［动1他］　丢失，失去；错过

□写す(うつす)②　［动1他］　抄，誊；描绘；拍照

□写る(うつる)②　［动1自］　照相，拍照；映现

□頷く(うなずく)③⓪　［动1自］　点头，首肯

□奪う(うばう)②　［动1他］　抢夺，剥夺

□生まれる(うまれる)⓪　［动2自］　出生；诞生；产生

□埋める(うめる)⓪　［动2他］　埋，埋入，掩埋；填满

□描く(えがく)②　［动1他］　画，描绘

□起きる(おきる)②　［动2自］　起来；起床；发生

□ 起こす（おこす）② ［动1他］ 扶起，使站起；唤醒，叫醒；发生，引起
□ 起こる（おこる）② ［动1自］ 发生；（疾病）发作
□ 収める（おさめる）③ ［动2他］ 取得，获得；收纳，收藏
□ 落ちる（おちる）② ［动2自］ 掉落，落下；中计，中圈套；落榜，不及格
□ 落とす（おとす）② ［动1他］ 使落下；丢失；使中计，使落入圈套
□ 下りる（おりる）② ［动2自］ 下，降；下来
□ 下ろす（おろす）② ［动1他］ 放下，取下，拿下
□ 限る（かぎる）② ［动1他］ 限定
□ 書く（かく）① ［动1他］ 写，画
□ 嗅ぐ（かぐ）⓪ ［动1他］ 闻，嗅
□ 隠す（かくす）② ［动1他］ 隐藏，隐瞒，掩盖
□ 隠れる（かくれる）③ ［动2自］ 隐藏；躲藏；潜伏；埋没
□ 囲む（かこむ）⓪ ［动1他］ 围上，包围
□ 飾る（かざる）⓪ ［动1他］ 装饰，摆设；粉饰
□ 勝つ（かつ）① ［动1自］ 战胜，胜过，赢过
□ 通う（かよう）⓪ ［动1自］ 来往，往返，通行
□ 借りる（かりる）⓪ ［动2他］ 借用
□ 枯れる（かれる）⓪ ［动2自］ 枯萎，枯死
□ 乾かす（かわかす）③ ［动1他］ 晒干，烘干，晾干
□ 乾く（かわく）② ［动1自］ 干，干燥
□ 考える（かんがえる）④③ ［动2他］ 想，思考
□ 頑張る（がんばる）③ ［动1自］ 努力
□ 利く（きく）⓪ ［动1自］ 有效，见效；灵敏，好使；能够，经得住
□ 聞く（きく）⓪ ［动1他］ 听；询问，打听
□ 聞こえる（きこえる）⓪ ［动2自］ 听得见，能听见，听起来
□ 嫌う（きらう）⓪ ［动1他］ 讨厌，厌恶
□ 切る（きる）① ［动1他］ 切，割，剁，断；中断；切伤，划伤
□ 切れる（きれる）② ［动2自］ 中断，断开；用尽
□ 下る（くだる）⓪ ［动1自］ 下，下去
□ 配る（くばる）② ［动1他］ 分配，分发；分派，配置

□ 曇る（くもる）②	［动1自］	阴天；模糊，朦胧
□ 暮らす（くらす）⓪	［动1自他］	生活，过日子，度日
□ 暮れる（くれる）⓪	［动2自］	日落，天黑；即将过去
□ 消す（けす）⓪	［动1他］	熄灭；消除，关掉
□ 漕ぐ（こぐ）①	［动1他］	摇，划
□ 擦る（こする）②	［动1他］	摩擦，擦
□ 困る（こまる）②	［动1自］	为难；困惑，苦恼
□ 殺す（ころす）⓪	［动1他］	杀，杀害；消除，除掉
□ 探す（さがす）⓪	［动1他］	查找，寻找，寻求
□ 下がる（さがる）②	［动1自］	下降，降低；下垂，悬挂
□ 下げる（さげる）②	［动2他］	降下，放低；吊，悬挂；撤掉
□ 咲く（さく）⓪	［动1自］	（花）开
□ 覚める（さめる）②	［动2自］	醒来；觉醒
□ 冷める（さめる）②	［动2自］	变冷，凉；降低，减退
□ 去る（さる）①	［动1自］	离去，离开；经过，过去
□ 茂る（しげる）②	［动1自］	繁茂，茂盛
□ 沈む（しずむ）⓪	［动1自］	沉没，下沉；消沉，无精打采
□ 死ぬ（しぬ）⓪	［动1自］	死亡
□ 示す（しめす）②⓪	［动1他］	出示，表示，表现；指示，指明
□ 調べる（しらべる）③	［动2他］	调查，查阅
□ 吸う（すう）⓪	［动1他］	吸，吸入；吮吸，吸收
□ 救う（すくう）⓪	［动1他］	挽救，拯救；救济
□ 進む（すすむ）⓪	［动1自］	前进；进步；进展，发展
□ 進める（すすめる）⓪	［动2他］	使前进；推进，促进，使发展；开展
□ 勧める（すすめる）⓪	［动2他］	劝告，劝诱
□ する⓪	［动3自他］	做，干，办

動詞（どうし）（タ行～ワ行）／动词（“タ”行至“ワ”行）

□ 確かめる（たしかめる）④	［动2他］	弄清，查明

□ 経つ（たつ）① ［动1自］ （时间）经过
□ 立つ（たつ）① ［动1自］ 站，立；保持；出发
□ 立てる（たてる）② ［动2他］ 竖起，立起；派遣
□ 建てる（たてる）② ［动2他］ 盖，建造
□ 黙る（だまる）② ［动1自］ 不说话；不闻不问
□ 試す（ためす）② ［动1他］ 试验，尝试
□ 違う（ちがう）⓪ ［动1自］ 不同，差别；错误，不对
□ 通じる（つうじる）⓪ ［动2自他］ 通往；精通；明白
□ 使う（つかう）⓪ ［动1他］ 使用
□ 疲れる（つかれる）③ ［动2自］ 累，疲劳；变旧
□ 突く（つく）①② ［动1他］ 扎，刺，戳；攻击；撑着
□ 尽くす（つくす）② ［动1他］ 尽，竭尽；尽力
□ 勤める（つとめる）③ ［动2自］ 任职，在……工作
□ 繋がる（つながる）⓪ ［动1自］ 连接；列队；有关系
□ 繋ぐ（つなぐ）⓪ ［动1他］ 绑，系；连接；持续，维系
□ 潰れる（つぶれる）⓪ ［动2自］ （被）压坏；破产，垮台；消耗，浪费
□ 詰める（つめる）② ［动2他］ 塞满，填满；缩短，缩小
□ 手伝う（てつだう）③ ［动1他］ 帮忙，帮助
□ 通す（とおす）① ［动1他］ 使通过，使穿过，使透过
□ 通る（とおる）① ［动1自］ 走过，通过；来往，通行
□ 届く（とどく）② ［动1自］ 到达，送到；传达，领会
□ 届ける（とどける）③ ［动2他］ 送到，递送
□ 泊まる（とまる）⓪ ［动1自］ 停泊；投宿，住宿，过夜
□ 泊める（とめる）⓪ ［动2他］ 留宿；让……停泊
□ 取る（とる）① ［动1他］ 拿，取，执，握，抓
□ 取れる（とれる）② ［动2自］ 脱落，掉下；能收获；（状态等）调和，平衡
□ 流す（ながす）② ［动1他］ 使流动；流（汗或泪等）；冲走；传播；播放
□ 流れる（ながれる）③ ［动2自］ 流淌；冲走；听到（声音）
□ 殴る（なぐる）② ［动1他］ 打，揍，殴打
□ 投げる（なげる）② ［动2他］ 投，抛，扔，摔；放弃
□ 習う（ならう）② ［动1他］ 学习；练习

□ 鳴る（なる）⓪	［动1自］	鸣，响
□ 似合う（にあう）②	［动1自］	合适，般配
□ 逃がす（にがす）②	［动1他］	放跑（犯人等），放生
□ 逃げる（にげる）②	［动2自］	逃跑，逃走；逃避
□ 逃す（のがす）②	［动1他］	错过（机会等），漏掉
□ 望む（のぞむ）⓪	［动1他］	希望，盼望；遥望，眺望
□ 昇る（のぼる）⓪	［动1自］	（太阳）上升
□ 上る（のぼる）⓪	［动1自］	上升；达到；升级，晋级；进京
□ 登る（のぼる）⓪	［动1自］	登，（向上）爬，攀登
□ 入る（はいる）①	［动1自］	进入；加入
□ 励ます（はげます）③	［动1他］	鼓励，激励，勉励
□ 励む（はげむ）②	［动1自］	勤奋，努力
□ 始まる（はじまる）⓪	［动1自］	开始
□ 始める（はじめる）⓪	［动2他］	开始
□ 外す（はずす）⓪	［动1他］	取下，摘下，解开；错过，避开；离席
□ 外れる（はずれる）⓪	［动2自］	脱落；偏离；落空，不中；违背，违反
□ 離す（はなす）②	［动1他］	使离开，隔开
□ 離れる（はなれる）③	［动2自］	离开，隔开；分离，远离；背离
□ 冷える（ひえる）②	［动2自］	变冷，变凉；（感情）变淡
□ 冷やす（ひやす）②	［动1他］	冰镇，使变凉；使冷静
□ 開く（ひらく）②	［动1自他］	开，打开；开始，举办，开设
□ 拾う（ひろう）⓪	［动1他］	拾，捡；挑选出
□ 深める（ふかめる）③	［动2他］	加深，加强
□ 防ぐ（ふせぐ）②	［动1他］	防守，防御，防卫
□ 太る（ふとる）②	［动1自］	发胖，肥胖
□ 踏む（ふむ）⓪	［动1他］	踩，踏；踏上，步入
□ 経る（へる）⓪	［动2自］	（时间或空间上）经过，通过
□ 掘る（ほる）①	［动1他］	挖，刨
□ 曲がる（まがる）⓪	［动1自］	弯，弯曲；转弯，拐弯
□ 曲げる（まげる）⓪	［动1他］	弯，曲；歪曲，篡改

□守る（まもる）②	［动1他］	守卫，保护；恪守，遵守
□磨く（みがく）⓪	［动1他］	磨炼，钻研；磨光，擦亮
□見かける（みかける）⓪③	［动2他］	看到，见到
□認める（みとめる）⓪	［动2他］	承认；断定；准许，同意，允许
□向く（むく）⓪	［动1自］	向，朝，对
□向ける（むける）⓪	［动2他］	向，朝，对
□結ぶ（むすぶ）⓪	［动1他］	结，系上；连接；结合；结尾
□潜る（もぐる）②	［动1自］	潜入，钻入
□戻す（もどす）②	［动1他］	还原，恢复
□戻る（もどる）②	［动1自］	（状态）恢复，复原；返回，退回
□燃やす（もやす）⓪	［动1他］	烧，燃烧；燃起，激起
□焼く（やく）⓪	［动1他］	烧，焚烧；烤
□焼ける（やける）⓪	［动2自］	着火，燃烧；烧热
□破る（やぶる）②	［动1他］	弄破，打破（记录）；打败；违反（约定）
□破れる（やぶれる）③	［动2自］	破裂；破灭
□譲る（ゆずる）⓪	［动1他］	让给，让步，转让
□寄る（よる）⓪	［动1自］	靠近；顺便去，顺路去
□忘れる（わすれる）⓪	［动2他］	忘记，遗忘
□渡す（わたす）⓪	［动1他］	渡，过；交，给
□渡る（わたる）⓪	［动1自］	渡（河），过（桥）；过日子，度日
□笑う（わらう）⓪	［动1自他］	笑；嘲笑

例文（れいぶん）/例句

1. あそこは田中（たなか）さんが今夜（こんや）泊（と）まるホテルです。
2. このマークはタバコを吸（す）ってはいけないという意味（いみ）です。
3. 学校（がっこう）のことを考（かんが）えながら歩（ある）いていました。
4. 大切（たいせつ）な書類（しょるい）をうっかり忘（わす）れてしまいました。

第二十五章课后练习

问题一 写出下列日语单词对应的平假名。

1. 聞く ______________
2. 殺す ______________
3. 習う ______________
4. 限る ______________
5. 沈む ______________
6. 勝つ ______________
7. 昇る ______________
8. 温める ______________
9. 通す ______________
10. 頑張る ______________
11. 探す ______________
12. 下ろす ______________
13. 逃がす ______________
14. 囲む ______________
15. 収める ______________
16. 外す ______________
17. 味わう ______________
18. 向く ______________
19. 咲く ______________
20. 嫌う ______________
21. 下る ______________
22. 笑う ______________
23. 写す ______________
24. 忘れる ______________
25. 逃げる ______________
26. 通じる ______________
27. 進む ______________
28. 吸う ______________
29. 救う ______________
30. 困る ______________
31. 始まる ______________
32. 深める ______________
33. 謝る ______________
34. 流す ______________
35. 励む ______________
36. 洗う ______________
37. 繋ぐ ______________
38. 違う ______________
39. 茂る ______________
40. 祈る ______________
41. 切る ______________
42. 殴る ______________
43. 取る ______________
44. 譲る ______________
45. 焼く ______________
46. 使う ______________
47. 拾う ______________
48. 失う ______________
49. 踏む ______________
50. 曇る ______________

51. 渡す ________________ 52. 奪う ________________

53. 建てる ________________ 54. 防ぐ ________________

55. 登る ________________ 56. 似合う ________________

问题二 根据句子，选择合适的单词，并以适合的形式填入括号。

奪う	調べる	守る	頑張る

1. この1点を（　　）、相手に勝てる。
2. 大人になっても、子供の時の夢は忘れずに、（　　）。
3. 鉱石をぶんせきして金の有無を（　　）ましょう。
4. この戦争は何千人の命を（　　）。

探す	疲れる	隠れる	隠す

5. 彼は世間から（　　）暮らしている。
6. そんなに背伸びしても、（　　）だけだ。
7. 財布が来る途中にどこかに落ちたかもしれないから、今（　　）に行く。
8. どんなに弁解しても、彼らの誤りを（　　）ことはできない。

動詞3／动词3

動詞（ア行～サ行）／动词（“ア”行至“サ”行）

□ 飽きる（あきる）②　［动2自］　够，满足，厌烦，厌倦
□ 明ける（あける）⓪　［动2自］　天亮；（某段时期）结束，到期
□ 預かる（あずかる）③　［动1他］　暂存，保管；保留
□ 預ける（あずける）③　［动2他］　寄存，存放；委托，托付
□ 遊ぶ（あそぶ）⓪　［动1自］　玩；游戏；游荡
□ 与える（あたえる）⓪　［动2他］　给予；分配，布置
□ 扱う（あつかう）⓪③　［动1他］　操作；接待
□ 集まる（あつまる）③　［动1自］　聚集，汇集，集中
□ 集める（あつめる）③　［动2他］　召集，集合，收集
□ 浴びる（あびる）⓪　［动2他］　浇，淋，浴；沐浴，晒（阳光）
□ 争う（あらそう）③　［动1自］　争夺，斗争；争论，争吵
□ 言う（いう）⓪　［动1他］　说，讲
□ 抱く（いだく）②　［动1他］　抱，搂；怀抱
□ 頂く（いただく）⓪　［动1他］　戴，顶；领受；（接在动词て形后）请
□ 祝う（いわう）②　［动1他］　祝贺，庆祝
□ 植える（うえる）⓪　［动2他］　种，栽，植
□ 歌う（うたう）⓪　［动1他］　唱
□ 疑う（うたがう）⓪　［动1他］　怀疑，疑惑；猜疑，猜测
□ 映す（うつす）②　［动1他］　映，照；放映
□ 移す（うつす）②　［动1他］　移动，挪动；开始，着手；传染；转移（视线）
□ 移る（うつる）②　［动1自］　移动，挪动；感染；（视线）转移
□ 選ぶ（えらぶ）②　［动1他］　选择，挑选

□演じる（えんじる）⓪③　［动2他］　表演，扮演
□追う（おう）⓪　［动1他］　追赶；追求
□置く（おく）⓪　［动1他］　放；设立；间隔；除外
□贈る（おくる）⓪　［动1他］　赠送；授予
□送る（おくる）⓪　［动1他］　传送，传递；送，寄
□押さえる（おさえる）③②　［动2他］　压住，摁住，按住，抓住
□押す（おす）⓪　［动1他］　推，挤，按，压
□劣る（おとる）②⓪　［动1自］　劣，次，不如，不及
□踊る（おどる）⓪　［动1自］　跳舞；活跃
□覚える（おぼえる）③　［动2他］　记住，记忆；学会，掌握；感觉
□思う（おもう）②　［动1他］　想，思索，思考
□泳ぐ（およぐ）②　［动1自］　游泳
□折る（おる）①　［动1他］　折，折叠；折断
□折れる（おれる）②　［动2自］　折，折叠；折断；屈服，让步
□終わる（おわる）⓪　［动1自］　结束，完了，完毕
□買う（かう）⓪　［动1他］　买
□飼う（かう）①　［动1他］　饲养
□輝く（かがやく）③　［动1自］　闪耀，辉煌
□掛かる（かかる）②　［动1自］　悬挂；花费
□掛ける（かける）②　［动2他］　挂上，悬挂
□欠ける（かける）⓪　［动2自］　缺少，欠缺
□駆ける（かける）②　［动2自］　跑，快跑，奔跑
□重なる（かさなる）⓪　［动1自］　重叠，重复
□貸す（かす）⓪　［动1他］　借给，借出
□数える（かぞえる）③　［动2他］　数，计算
□語る（かたる）⓪　［动1他］　说，讲
□構う（かまう）②　［动1自他］　介意，管，顾；照顾，照料
□噛む（かむ）①　［动1他］　咬，咀嚼
□着せる（きせる）⓪　［动2他］　给……穿上；蒙上，盖上
□決まる（きまる）⓪　［动1自］　决定，确定
□決める（きめる）⓪　［动1他］　决定，确定

□ 腐る（くさる）② ［动1自］ 腐烂，坏
□ 組む（くむ）① ［动1自他］ 交叉；组成；合伙
□ 比べる（くらべる）⓪ ［动2他］ 比较
□ 来る（くる）① ［动3自］ 来，到来
□ 削る（けずる）⓪ ［动1他］ 削，刨；去掉，删去
□ 込む（こむ）① ［动1自］ 混杂，拥挤；（构成复合动词）深入……，进入……
□ 込める（こめる）② ［动2他］ 装填；包含，倾注
□ 転がる（ころがる）⓪ ［动2自］ 滚动；跌倒，倒下
□ 転ぶ（ころぶ）⓪ ［动1自］ 滚动；跌倒，倒下
□ 支える（ささえる）⓪③ ［动2他］ 支，支撑；支持
□ 指す（さす）① ［动1他］ 指，指向，指示
□ 差す（さす）① ［动1自他］ （光线）照射；泛出，呈现；撑（伞）
□ 刺す（さす）① ［动1他］ 刺，扎
□ 誘う（さそう）⓪ ［动1他］ 促使，引起；劝诱，邀请；诱惑
□ 占める（しめる）② ［动2他］ 占有，占领
□ 喋る（しゃべる）② ［动1自他］ 说，讲；喋喋不休
□ 知らせる（しらせる）⓪ ［动2他］ 通知，告知
□ 知る（しる）⓪ ［动1他］ 知道，知晓；懂得，理解
□ 信じる（しんじる）③⓪ ［动2他］ 相信
□ 空く（すく）⓪ ［动1自］ 空，空荡荡；（肚子）饿
□ 優れる（すぐれる）③ ［动2自］ 出色，优秀，杰出
□ 住む（すむ）① ［动1自］ 栖息，生存；居住，住
□ 座る（すわる）⓪ ［动1自］ 坐，就座
□ 育つ（そだつ）② ［动1自］ 发育，生长，成长
□ 育てる（そだてる）③ ［动2他］ 抚养，养育，培育

動詞（どうし）（タ行～ワ行）／动词（“タ”行至“ワ”行）

□ 倒す（たおす）② ［动1他］ 倒，放倒，打倒，打败

□ 倒れる（たおれる）③　［动2自］　倒下；病倒；倒闭，垮台
□ 助かる（たすかる）③　［动1自］　得救，脱险；省力，省事
□ 助ける（たすける）③　［动2他］　帮助，救助
□ 尋ねる（たずねる）③　［动2他］　询问，打听；寻找
□ 戦う（たたかう）⓪　［动1自］　战斗，战争；竞赛，比赛
□ 楽しむ（たのしむ）③　［动1他］　快乐，享受；以……为乐；期待
□ 頼む（たのむ）②　［动1他］　委托，托付，拜托；依靠，依仗
□ 頼る（たよる）②　［动1自］　借助，依靠
□ 足りる（たりる）⓪　［动1自］　足够；值得
□ 散る（ちる）⓪　［动1自］　（花朵）凋落，凋谢；分散，走散
□ 着く（つく）①②　［动1自］　到达，抵达；入座
□ 作る（つくる）②　［动1他］　做；创造，发明；制作；建立
□ 伝える（つたえる）⓪③　［动2他］　传达，转告，告诉；传授；传来，传入
□ 伝わる（つたわる）⓪　［动1自］　传播；流传；传来，传入
□ 続く（つづく）⓪　［动1自］　持续，连续；紧接着
□ 続ける（つづける）⓪　［动2他］　持续，连续；紧接着
□ 釣る（つる）⓪　［动1他］　钓（鱼）
□ 連れる（つれる）⓪　［动2自他］　带领；伴随
□ 出る（でる）①　［动2自］　出去，出来；参加，出席
□ 解く（とく）①　［动1他］　解开（绳结等）；解除；解答（问题等）
□ 解ける（とける）②　［动2自］　（扣子）松开；解脱，解除；（答案）解开
□ 止まる（とまる）⓪　［动1自］　停，停止，停顿；止住
□ 止める（とめる）⓪　［动2他］　停，停止；止住，阻止
□ 治す（なおす）②　［动1他］　医治，治疗
□ 治る（なおる）②　［动1自］　治好，痊愈
□ 鳴く（なく）⓪　［动1自］　啼，鸣叫
□ 泣く（なく）⓪　［动1自］　哭，哭泣
□ 悩む（なやむ）②　［动1自］　烦恼，苦恼
□ 慣れる（なれる）②　［动2自］　习惯，习以为常
□ 煮る（にる）⓪　［动2他］　煮，炖，熬
□ 似る（にる）⓪　［动2自］　像，相似

□脱ぐ（ぬぐ）①	［动1他］	脱，脱掉
□塗る（ぬる）⓪	［动1他］	涂，擦，抹
□願う（ねがう）②	［动1他］	希望，期望；祈祷
□眠る（ねむる）⓪	［动1自］	睡觉；死亡，长眠
□寝る（ねる）⓪	［动2自］	睡觉；躺，卧
□載せる（のせる）⓪	［动2他］	放到……上；装上，装载；刊登，登载
□乗せる（のせる）⓪	［动2他］	放到……上；使搭乘
□延ばす（のばす）②	［动1他］	延长，延缓，推迟，延期
□飲む（のむ）①	［动1他］	吃，喝
□生える（はえる）②	［动2自］	发芽；（毛、牙、角、指甲等）长出来
□運ぶ（はこぶ）⓪	［动1他］	搬运，运送
□走る（はしる）②	［动1自］	跑；（交通工具）行驶
□流行る（はやる）②	［动1自］	流行，时髦
□張る（はる）⓪	［动1自他］	延伸，伸展；拉，扩张；粘贴
□晴れる（はれる）②	［动2自］	（天空）放晴；（心情）愉快；（疑惑）消除
□引く（ひく）⓪	［动1自他］	拖，拉，拽，牵；减去；后退；查（词典）；患（感冒）
□弾く（ひく）⓪	［动1他］	弹（乐器）
□増える（ふえる）②	［动2自］	增加，增多
□増やす（ふやす）②	［动1他］	增加，增殖
□降る（ふる）①	［动1自］	（雨、雪等）下
□振る（ふる）⓪	［动1他］	挥，摇
□震える（ふるえる）⓪	［动2自］	震动；发抖，颤抖，哆嗦
□干す（ほす）①	［动1他］	晾干，晒干
□褒める（ほめる）②	［动2他］	赞扬，称赞，表扬
□混じる（まじる）②	［动1自］	混杂，夹杂
□混ぜる（まぜる）②	［动2他］	搅拌，混合
□学ぶ（まなぶ）⓪	［动1他］	学，学习；模仿
□招く（まねく）②	［动1他］	招呼；招待，宴请；招致，招来
□迷う（まよう）②	［动1自］	（方向）迷失；迷惑，困惑；
□回す（まわす）⓪	［动1他］	转动，扭转，旋转

□回る（まわる）⓪	［动1自］	旋转，回转，转动；轮流
□見える（みえる）②	［动2自］	看得见；看起来
□見せる（みせる）②	［动2他］	给……看，让……看；示范，示意
□見る（みる）①	［动2他］	看
□向かう（むかう）⓪	［动1自］	朝向，面对；趋向，接近；前往，去往
□申す（もうす）①	［动1他］	（自谦语）说，讲
□燃える（もえる）⓪	［动2自］	燃烧，着火；（热情）洋溢
□用いる（もちいる）③⓪	［动2他］	用，使用，采用
□もらう⓪	［动1他］	接受，得到
□訳す（やくす）②	［动1他］	翻译；解释
□休む（やすむ）②	［动1自］	休息；睡觉；缺席，缺勤
□止む（やむ）⓪	［动1自］	停止
□止める（やめる）⓪	［动2他］	停止；放弃
□揺れる（ゆれる）⓪	［动2自］	摇晃，动摇
□汚れる（よごれる）⓪	［动2自］	弄脏
□沸かす（わかす）⓪	［动1他］	烧开，煮沸；使沸腾
□沸く（わく）⓪	［动1自］	沸腾，烧开
□湧く（わく）⓪	［动1自］	冒出，喷出；涌现，产生
□割る（わる）⓪	［动1他］	分，切，割；打破；除以
□割れる（われる）⓪	［动2自］	破碎；分裂；除得开

例文（れいぶん）／例句

1. 今朝（けさ）から体調（たいちょう）がわるくて、会社（かいしゃ）を休（やす）もうと思（おも）います。
2. みんなが支（ささ）えてくれたおかげで、私（わたし）は勝利（しょうり）を取（と）ることができました。
3. 今日（きょう）からお酒（さけ）を飲（の）まないことにします。
4. 日本（にほん）に行（い）った時（とき）、たくさんお土産（みやげ）を買（か）いました。

第二十六章课后练习

问题一 写出下列日语单词对应的平假名。

1. 争う ________	2. 治る ________
3. 組む ________	4. 作る ________
5. 指す ________	6. 植える ________
7. 招く ________	8. 震える ________
9. 重なる ________	10. 煮る ________
11. 追う ________	12. 座る ________
13. 祝う ________	14. 知る ________
15. 折る ________	16. 贈る ________
17. 戦う ________	18. 張る ________
19. 占める ________	20. 走る ________
21. 願う ________	22. 楽しむ ________
23. 誘う ________	24. 泳ぐ ________
25. 転がる ________	26. 湧く ________
27. 遊ぶ ________	28. 込む ________
29. 育つ ________	30. 語る ________
31. 運ぶ ________	32. 思う ________
33. 乗せる ________	34. 慣れる ________
35. 歌う ________	36. 扱う ________
37. 輝く ________	38. 構う ________
39. 回す ________	40. 頼る ________
41. 沸かす ________	42. 生える ________
43. 降る ________	44. 見る ________
45. 信じる ________	46. 割る ________
47. 劣る ________	48. 腐る ________
49. 倒す ________	50. 褒める ________

51. 比べる ＿＿＿＿＿＿＿＿　52. 買う ＿＿＿＿＿＿＿＿
53. 来る ＿＿＿＿＿＿＿＿　54. 鳴く ＿＿＿＿＿＿＿＿
55. 迷う ＿＿＿＿＿＿＿＿　56. 寝る ＿＿＿＿＿＿＿＿
57. 沸く ＿＿＿＿＿＿＿＿　58. 塗る ＿＿＿＿＿＿＿＿

问题二　根据句子，选择合适的单词，并以适当的形式填入括号。

比べる　輝く　集まる　似る

1. （　　）春の日の下に草が伸び伸びと萌えている。
2. 大通りに人がたくさん（　　）。
3. 二子だから弟と兄はよく（　　）いる。
4. 去年に（　　）、もうけは倍になった。

悩む　映す　預かる　贈る

5. 彼女は鏡に（　　）自分の姿をじっと見ている。
6. 先生は卒業式で生徒たちに記念品を（　　）ました。
7. もし（　　）ことがあったら、お母さんに相談してくださいね。
8. この勝負はしばらく（　　）ことにする。

第二十七章

サ変動詞（へんどうし）/サ変动词

サ変動詞（さへんどうし）（ア行～サ行）/サ变动词（“ア”行至“サ”行）

□ 運転する（うんてんする）⓪	［动3自他］	开，驾驶，运转，操作
□ 応援する（おうえんする）⓪	［动3他］	支援，援助；声援
□ 往復する（おうふくする）⓪	［动3自］	往返，往复，来回
□ 解決する（かいけつする）⓪	［动3自他］	解决
□ 外出する（がいしゅつする）⓪	［动3自］	外出
□ 解消する（かいしょうする）⓪	［动3自他］	解除，取消
□ 開発する（かいはつする）⓪	［动3他］	开发，开辟
□ 回復する（かいふくする）⓪	［动3自他］	康复，恢复
□ 会話する（かいわする）⓪	［动3自］	会话，对话
□ 観光する（かんこうする）⓪	［动3他］	观光，游览
□ 観察する（かんさつする）⓪	［动3他］	观察
□ 感謝する（かんしゃする）①	［动3他］	感谢
□ 感心する（かんしんする）⓪	［动3自］	钦佩，佩服
□ 記憶する（きおくする）⓪	［动3他］	记忆，记得
□ 帰省する（きせいする）⓪	［动3自］	归乡，省亲，回老家
□ 記念する（きねんする）⓪	［动3他］	纪念，纪念品
□ 共通する（きょうつうする）⓪	［动3自］	共同，通有
□ 禁止する（きんしする）⓪	［动3他］	禁止
□ 工夫する（くふうする）⓪	［动3他］	找窍门，动脑筋，想办法
□ 決定する（けっていする）⓪	［动3自他］	决定
□ 研究する（けんきゅうする）⓪	［动3他］	研究

□検査する（けんさする）①	［动3他］	检查
□検討する（けんとうする）⓪	［动3他］	讨论，探讨
□交換する（こうかんする）⓪	［动3他］	交换
□行動する（こうどうする）⓪	［动3自］	行动
□ご馳走する（ごちそうする）⓪	［动3他］	请客，款待
□参考する（さんこうする）⓪	［动3他］	参考
□賛成する（さんせいする）⓪	［动3自］	赞成
□支出する（ししゅつする）⓪	［动3他］	支出，开支
□支度する（したくする）⓪	［动3自他］	准备，预备
□実行する（じっこうする）⓪	［动3他］	实行，实施
□実践する（じっせんする）⓪	［动3他］	实践
□質問する（しつもんする）⓪	［动3自他］	提问
□支配する（しはいする）①	［动3他］	支配，指使，控制
□修理する（しゅうりする）①	［动3他］	修理
□主張する（しゅちょうする）⓪	［动3他］	主张
□出発する（しゅっぱつする）⓪	［动3自］	出发
□出席する（しゅっせきする）⓪	［动3自］	出席，参加
□準備する（じゅんびする）①	［动3自他］	准备
□上映する（じょうえいする）⓪	［动3他］	上映，放映
□紹介する（しょうかいする）⓪	［动3他］	介绍
□使用する（しようする）⓪	［动3他］	使用
□招待する（しょうたいする）⓪	［动3他］	招待，邀请
□承知する（しょうちする）⓪	［动3他］	（自谦语）知道，懂得
□消費する（しょうひする）⓪	［动3他］	消费
□証明する（しょうめいする）⓪	［动3他］	证明，证实
□進歩する（しんぽする）⓪	［动3自］	进步
□正解する（せいかいする）⓪	［动3他］	正确解释，正确解答
□請求する（せいきゅうする）⓪	［动3他］	请求，要求，索取
□成功する（せいこうする）⓪	［动3自］	成功
□製造する（せいぞうする）⓪	［动3他］	制造，生产

□ 整理する（せいりする）① ［动3他］ 整理，清理
□ 説明する（せつめいする）⓪ ［动3他］ 说明，解释
□ 洗濯する（せんたくする）⓪ ［动3他］ 洗衣服
□ 想像する（そうぞうする）⓪ ［动3他］ 想象
□ 相談する（そうだんする）⓪ ［动3他］ 商量，商讨
□ 尊敬する（そんけいする）⓪ ［动3他］ 尊敬

サ変動詞（さへんどうし）（タ行～ワ行）／サ变动词（“タ”行至“ワ”行）

□ 遅刻する（ちこくする）⓪ ［动3自］ 迟到
□ 注意する（ちゅういする）① ［动3自］ 注意，留神；当心；劝告
□ 注射する（ちゅうしゃする）⓪ ［动3他］ 注射，打针
□ 注文する（ちゅうもんする）⓪ ［动3他］ 点单；订货
□ 調査する（ちょうさする）① ［动3他］ 调查
□ 挑戦する（ちょうせんする）⓪ ［动3自］ 挑战
□ 貯金する（ちょきんする）⓪ ［动3自他］ 存钱
□ 提案する（ていあんする）⓪ ［动3他］ 提案，提议
□ 伝言する（でんごんする）⓪ ［动3他］ 传话，口信；带口信
□ 展示する（てんじする）⓪ ［动3他］ 展示
□ 到着する（とうちゃくする）⓪ ［动3自］ 到达，抵达
□ 納得する（なっとくする）⓪ ［动3他］ 领会，同意，认可
□ 入力する（にゅうりょくする）⓪ ［动3他］ 输入
□ 寝坊する（ねぼうする）⓪ ［动3自］ 睡懒觉，睡过头
□ 拝見する（はいけんする）⓪ ［动3他］ （自谦语）瞻仰，看
□ 配達する（はいたつする）⓪ ［动3他］ 配送
□ 破壊する（はかいする）⓪ ［动3自他］ 破坏
□ 発音する（はつおんする）⓪ ［动3他］ 发音
□ 発見する（はっけんする）⓪ ［动3他］ 发现
□ 発達する（はったつする）⓪ ［动3自］ 发达；发展，进步
□ 発展する（はってんする）⓪ ［动3自］ 发展

□ 発表する（はっぴょうする）⓪	［动3他］	发表，发布
□ 発明する（はつめいする）⓪	［动3他］	发明
□ 反省する（はんせいする）⓪	［动3他］	反省，反思
□ 反対する（はんたいする）⓪	［动3自］	反对
□ 判断する（はんだんする）①	［动3他］	判断
□ 比較する（ひかくする）⓪	［动3他］	比较
□ 表現する（ひょうげんする）③	［动3他］	表现
□ 分析する（ぶんせきする）⓪	［动3他］	分析
□ 分類する（ぶんるいする）⓪	［动3他］	分类
□ 変化する（へんかする）①	［动3自］	变化
□ 返事する（へんじする）⓪	［动3自］	回复，回信
□ 報告する（ほうこくする）⓪	［动3他］	报告，汇报
□ 放送する（ほうそうする）⓪	［动3他］	广播，播放
□ 報道する（ほうどうする）⓪	［动3他］	报道
□ 訪問する（ほうもんする）⓪	［动3他］	访问
□ 保存する（ほぞんする）⓪	［动3他］	保存
□ 命令する（めいれいする）⓪	［动3自他］	命令
□ 迷惑する（めいわくする）①	［动3自］	麻烦，烦扰，为难
□ 約束する（やくそくする）⓪	［动3他］	约定
□ 輸出する（ゆしゅつする）⓪	［动3他］	输出，出口
□ 輸入する（ゆにゅうする）⓪	［动3他］	输入，进口
□ 用意する（よういする）①	［动3自他］	准备，预备
□ 要求する（ようきゅうする）⓪	［动3他］	要求
□ 予想する（よそうする）⓪	［动3他］	预想，预料
□ 予防する（よぼうする）⓪	［动3他］	预防
□ 予約する（よやくする）⓪	［动3他］	预约，预定
□ 理解する（りかいする）①	［动3他］	理解，领会，明白
□ 留学する（りゅうがくする）⓪	［动3自］	留学
□ 了解する（りょうかいする）⓪	［动3他］	了解，明白，领会
□ 利用する（りようする）⓪	［动3他］	利用，使用

□ **練習する（れんしゅうする）⓪**　［动3他］　练习

□ **連絡する（れんらくする）⓪**　［动3自他］　联络，通知

□ **割引きする（わりびきする）⓪**　［动3他］　打折，减价

例文／例句

1. 日本に留学するように頑張ります。
2. 高校時代の先生と連絡を続けています。
3. 出発が遅すぎて、遅刻に間違いないです。
4. 近頃練習しなかったから、下手になりました。

第二十七章课后练习

问题一 写出下列日语单词对应的平假名。

1. 放送する ______
2. 感謝する ______
3. 感心する ______
4. 発表する ______
5. 工夫する ______
6. 訪問する ______
7. 参考する ______
8. 帰省する ______
9. 支度する ______
10. 連絡する ______
11. 尊敬する ______
12. 支配する ______
13. 整理する ______
14. 製造する ______
15. 紹介する ______
16. 挑戦する ______
17. 実践する ______
18. 相談する ______
19. 用意する ______
20. 説明する ______
21. 輸出する ______
22. 約束する ______
23. 寝坊する ______
24. 留学する ______
25. 理解する ______
26. 練習する ______
27. 観光する ______
28. 反省する ______
29. 記憶する ______
30. 交換する ______
31. 請求する ______
32. 判断する ______
33. 了解する ______
34. 連絡する ______
35. 迷惑する ______
36. 破壊する ______
37. 研究する ______
38. 応援する ______
39. 提案する ______
40. 質問する ______
41. 準備する ______
42. 貯金する ______
43. 支出する ______
44. 証明する ______
45. 注文する ______
46. 予想する ______
47. 伝言する ______
48. 禁止する ______

问题二　根据句子，选择合适的单词，并以适当的形式填入括号。

理解する	注文する	観光する	禁止する

1. 一部の国では、この薬品の販売は（　　）ています。
2. 中国へ（　　）外国人の数は年々増えている。
3. 先週（　　）商品は今日届きました。
4. 一般人は現代絵画を（　　）のは難しい。

説明する	分析する	工夫する	利用する

5. 食べ物の成分を（　　）、有害か無害かを調べます。
6. 水を漏らさないように（　　）ました。
7. 高木さんはいつも電車に乗る時間を（　　）、単語を覚えます。
8. 先生に何度も（　　）してもらっても、彼は分からない。

ふくごうどうし
複合動詞/复合动词

ふくごうどうし
複合動詞（ア行～サ行）/复合动词（“ア”行至“サ”行）

□ 言い表す（いいあらわす）⑤	［动1他］	表达，表现，陈述
□ 受け入れる（うけいれる）⓪④	［动2他］	接受，采纳，同意；接纳
□ 受け継ぐ（うけつぐ）⓪③	［动1他］	继承，承继
□ 受け取る（うけとる）⓪③	［动1他］	收，领，接受；领会，理解
□ 打ち消す（うちけす）⓪③	［动1他］	否定，否认；消除，打消
□ 追いかける（おいかける）④	［动2他］	追赶，赶上；紧接着，连续
□ 落ち着く（おちつく）⓪	［动1自］	（事态）安定，稳定，平息；（心情）平静下来
□ 思い浮かべる（おもいうかべる）⑥⓪	［动2他］	想起，回忆起，浮现在脑海里
□ 思い切る（おもいきる）④⓪②	［动1他］	断念，死心；下定决心
□ 思い出す（おもいだす）④⓪	［动1他］	记起，回忆起
□ 思いやる（おもいやる）④⓪	［动1他］	同情，体谅，关怀
□ 片付ける（かたづける）④	［动2他］	整理，收拾；解决，处理
□ 考え直す（かんがえなおす）⑥	［动1他］	重新考虑
□ 組み合わせる（くみあわせる）⑤⓪	［动2他］	组成；编组，配合
□ 繰り返す（くりかえす）③⓪	［动1他］	反复，重复
□ 腰掛ける（こしかける）④	［动2自］	坐下
□ 差し上げる（さしあげる）⓪④	［动2他］	举起；呈送，敬献；（自谦语）给您
□ 仕上げる（しあげる）③	［动2他］	完成，做完，最后加工
□ 知り合う（しりあう）③	［动1自］	相识，互相认识

複合動詞(ふくごうどうし)(タ行～ワ行)／复合动词("タ"行至"ワ"行)

□立ち上がる(たちあがる)⓪④	[动1自]	起立，站起来；振奋起来
□近付く(ちかづく)⓪	[动1自]	临近，靠近；亲近
□付き合う(つきあう)③	[动1自]	交际，交往；陪伴，奉陪
□作り出す(つくりだす)④⑤⓪	[动1他]	开始做；制造，生产；创作，发明
□出会う(であう)②⓪	[动1自]	(偶然)遇见，碰见
□出掛ける(でかける)⓪	[动2自]	外出，到外面去；要出去
□取り入れる(とりいれる)④⓪	[动2他]	收起，拿进来；收获，收割；接纳，采纳
□取り替える(とりかえる)⓪	[动2他]	替换，更换；交换
□無くなる(なくなる)⓪	[动1自]	丢失，遗失；(用)光
□亡くなる(なくなる)⓪	[动1自]	死亡，故去，去世
□乗り換える(のりかえる)④③	[动2他]	换乘，改乘
□乗り越える(のりこえる)④③	[动2自]	越过，跨过；渡过，克服；战胜，超越
□話し合う(はなしあう)④⓪	[动1自]	谈话，对话；商议，商量
□引き受ける(ひきうける)④	[动2他]	承担，负责；保证
□引き出す(ひきだす)③	[动1他]	拉出，抽出，引诱出；提出，提取(存款)
□間に合う(まにあう)③	[动1自]	赶得上，来得及
□見送る(みおくる)⓪③	[动1他]	目送，送行；静观，旁观
□見下ろす(みおろす)⓪③	[动1他]	俯视，往下看；蔑视，轻视
□申し込む(もうしこむ)④⓪	[动1他]	提议，申请，报名
□呼び掛ける(よびかける)④	[动2他]	呼唤，招呼；呼吁，号召

例文／例句

1. 病気に注意するように呼びかけます。
2. この映画を見て、私は少年時代を思い浮かべました。
3. 子供が小さすぎて、危ない所には近づかないほうがいいですよ。
4. 新製品を作り出すために、工場を申し込みます。

第二十八章课后练习

问题一 写出下列日语单词对应的平假名。

1. 思い出す ____________　　2. 出会う ____________
3. 言い表す ____________　　4. 落ち着く ____________
5. 受け継ぐ ____________　　6. 作り出す ____________
7. 亡くなる ____________　　8. 見送る ____________
9. 繰り返す ____________　　10. 腰掛ける ____________
11. 打ち消す ____________　　12. 思い切る ____________
13. 仕上げる ____________　　14. 乗り換える ____________
15. 考え直す ____________　　16. 見下ろす ____________

问题二 根据句子，选择合适的单词，并以适当的形式填入括号。

付き合う　　見下ろす　　受け継ぐ　　知り合う

1. 李さんは財産を（　　）権力があります。
2. 二人は（　　）から一か月もしないうちにわかれた。
3. 飛行機から地面を（　　）ている。
4. あの連中と（　　）のはもう5年前のことだ。

落ち着く　　片づける　　引き出す　　腰掛ける

5. 椅子に（　　）から、仕事を始めます
6. そんなに慌てないで、（　　）話してください。
7. 先生は生徒の才能を（　　）べきだ。
8. 部屋を（　　）、気持ちが楽になった。

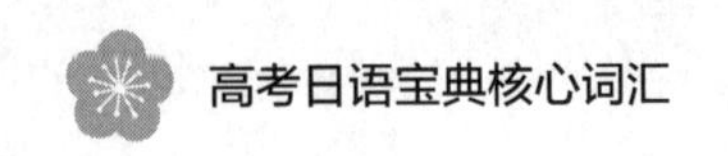

テスト5／测试5

一、从A、B、C、D四个选项中，选出画线部分对应的汉字。

1. 今は忙しいですから、あとでまた伺います。
A. 元　B. 実　C. 後　D. 生

2. これはきわめて重要な問題です。
A. 究　B. 極　C. 局　D. 最

3. 用事が済んだから、さきに失礼します。
A. 先　B. 前　C. 作　D. 少

4. この赤い服、ふだんに着るのはもったいない。
A. 普通　B. 一般　C. 普段　D. 段階

5. 私は果物が好きで、とくにバナナが大好きです。
A. 格に　B. 特に　C. 別に　D. 少に

6. 朝何も食べていないから、お腹がすいた。
A. 飢いた　B. 空いた　C. 無いた　D. 強いた

7. 武くんはいいことをして、お母さんにほめられました。
A. 保められ　B. 破められ　C. 褒められ　D. 表められ

8. 出かける前に、窓をしめてください。
A. 閉めて　B. 開めて　C. 取めて　D. 変めて

9. 朝起きて、日射しがさして、一日はこれからだ。
A. 差して　B. 指して　C. 照して　D. 入して

10. 日本へ旅行に行った時、富士山にのぼったことがあります。
A. 歩った　B. 行った　C. 這った　D. 登った

11. 強敵と戦って、まいりました。
A. 服り　B. 参り　C. 幾り　D. 詣り

12. 物価が上がるにしたがって生活がきつくなってしまった。
A. 従って　B. 基って　C. 従って　D. 付って

13. 来年は大学入試に合格するようにいのります
A. 替り　B. 祈り　C. 願り　D. 望り

14. 姉は事務所につとめています。

A. 仕め　B. 動め　C. 駆け力　D. 勤め

15. 会議室にはたくさんの花がかざってあって、とてもきれいです。

A. 飾って　B. 放って　C. 有って　D. 要って

16. 仕事でミスをしたため、取引先へあやまりに行きました。

A. 検り　B. 悪り　C. 謝り　D. 誤り

17. 図書館でタバコをすってはいけません。

A. 取って　B. 吸って　C. 刷って　D. 擦って

18. 「しまった。書類を持って来るのをわすれた。」

「もうすぐ会議が始まるよ。どうしよう？」

A. 間れ　B. 望れ　C. 忘れ　D. 習れ

19. 海外旅行にはパスポートがいります。

A. 入り　B. 要り　C. 必り　D. 持り

20. 「この文章を英語にやくしてください」と、先生が言いました。

A. 訳　B. 議　C. 翻　D. 役

二、从A、B、C、D四个选项中，选出画线部分对应的假名。

21. 色々頑張ったけど、結局何も変わらなかった。

A. けっきょき　B. けっきょく　C. けつまつ　D. けかき

22. 都合がよかったら、連絡してください。

A. つごう　B. つうご　C. つこう　D. つうごう

23. 初めての海外旅行は日本へ行きました。

A. はじめて　B. はつめて　C. しょうめて　D. はちめて

24. 休みの時、常に公園を散歩します。

A. つね　B. ちょう　C. じょう　D. くね

25. 広い家を買うために、お金を貯めています。

A. ちょう　B. きん　C. し　D. た

26. 当社は業界第1位を保っている。

A. ほう　B. たも　C. もつ　D. まも

27. 夕べ、胃が刺されるように痛くて、病院に行きました。

A. ささ　B. さしさ　C. くしさ　D. されさ

28. お金を<u>払った</u>ので、中に入ることができます。

A. しはらった　B. きふった　C. もらった　D. はらった

29. 鳥が空を<u>飛ん</u>でいるのを見て、気持ちが穏やかになった。

A. ひんで　B. とんで　C. とびで　D. ひんで

30. あの人は<u>腐る</u>ほどお金が持っている。

A. ふはいる　B. ふくる　C. くさる　D. くする

31. 早起きはきついが、<u>慣れた</u>らよくなる。

A. なれた　B. しれた　C. いれた　D. うれた

32. お風呂に入ると、<u>歌</u>いたくなりますね。

A. また　B. かく　C. うた　D. きゃく

33. 近くの駅前に新しい商店街が<u>建て</u>られました。

A. だて　B. たて　C. けんて　D. ちくて

34. 消防士たちが燃えている家から1人の子供を<u>救い</u>出しました。

A. きゅうい　B. こい　C. すくい　D. くすい

35. 部長は今日忙しいですから、<u>来</u>ないかもしれません。

A. き　B. く　C. こ　D. け

36. 「やばい！ブレーキが<u>利</u>かないんだ！どうしよう？」

A. か　B. き　C. く　D. け

37. 根が深くて葉が<u>茂</u>っている。

A. すげ　B. しく　C. すく　D. しげ

38. 熱いですから、窓を<u>開けて</u>ください。

A. ひらいけて　B. あけて　C. とけて　D. みけて

39. この店はとても人気で、お<u>勧め</u>のメニューを全部試したいです。

A. けめ　B. つくめ　C. しずめ　D. すすめ

40. お年寄りに席を<u>譲る</u>のは素晴らしい行為です。

A. ゆくる　B. ゆずる　C. つまる　D. つめる

41. <u>黙</u>っていないで、何か話してください。

A. もく　B. まま　C. しま　D. だま

42. 私は大学に通っている時、新聞を<u>配る</u>というアルバイトをしていた。

A. はいたる　B. くはる　C. くばる　D. しまる

43. 今日は天気が晴れて、遠足日和ですね。
A. すれて　B. むれて　C. しれて　D. はれて

44. 何か悩むことがあったら、私に相談してください。
A. なくむ　B. なやむ　C. くむ　D. の

45. 大人になって、得ることもあるし、失うこともある。
A. うしなう　B. なくう　C. くう　D. しなう

46. 引っ越しの時、同僚が手伝ってくれました。
A. てつた　B. てつだ　C. てたす　D. てだす

47. はじめまして、私は山田葵と申します。
A. とおし　B. こうし　C. もうし　D. そうし

48. 私は死ぬまで頑張っていこうと思っています。
A. きぬ　B. しぬ　C. みぬ　D. いぬ

49. 地球には数え切れない命が生きています。
A. すうえ　B. くずえ　C. しすえ　D. かぞえ

50. 夜空に星が輝いていて、すてきな銀河ができました。
A. かがやい　B. ひかい　C. つづきい　D. おとい

51. 使い終わったら、もとの位置に戻してください。
A. おどし　B. もくし　C. もどし　D. おせし

52. 人を殺した犯人は昨日京都で捕まった。
A. さつ　B. ころ　C. あげ　D. はえ

53. 高橋の部屋の電気が消えていて、留守のようですね。
A. け　B. しょ　C. み　D. き

54. フォワードさんは財産を3人の息子に分け与えました。
A. よき　B. さし　C. きま　D. あた

55. 結婚記念日を祝うために、早めに家に帰って、準備をします。
A. いのう　B. いわう　C. しゅくう　D. しさう

三、从A、B、C、D四个选项中，选出合适的选项，填入括号。

56. 1人で家にいるより、（　　）家族と一緒にいるほうが楽しいです。
A. がっかり　B. さっぱり　C. やっはり　D. ゆっくり

57. 車はもうすぐ来るから、(　　)出かけましょう。

A. だいてい　B. そろそろ　C. いろいろ　D. のんびり

58. 皆さんに(　　)読んでもらいたい本があります。

A. きっと　B. たしか　C. ぜひ　D. まったく

59. (　　)おいしい料理を作ったのに、誰も食べてくれませんでした。(2016年真题)

A. さっぱり　B. せっかく　C. まったく　D. びっくり

60. 気候が(　　)寒くなるので、お体に気をつけてください。

A. なかなか　B. だいたい　C. だんだん　D. まだまだ

61. 楽しみにしていたコンサートが中止になって、(　　)した。

A. びっくり　B. はっきり　C. しっかり　D. がっかり

62. 田舎に帰って、(　　)暮らしたいです。

A. びっくり　B. のんびり　C. はっきり　D. さっぱり

63. 雨が止みそうにないから、今日の遠足は(　　)中止ですね。

A. いっそう　B. たしかに　C. おそらく　D. ほとんど

64. あの子はかわいすぎで、(　　)お人形みたい。

A. とても　B. すこし　C. たいへん　D. まるで

65. パーティーへ行くために、髪型を(　　)。

A. した　B. なった　C. かわった　D. かえた

66. 本棚に本がきれいに(　　)あります。

A. 並べて　B. 並んで　C. 倒して　D. 倒れて

67. 年をとるに従って、髪の毛が(　　)きた。

A. ぬけて　B. ぬけた　C. ぬいて　D. ぬいた

68. 部屋に入る時、靴を(　　)ください。

A. 外して　B. 脱いて　C. 捨てて　D. 無くして

69. ライバルに(　　)ように一生懸命頑張っている。

A. おえる　B. うごける　C. かてる　D. うてる

70. 熱いですから、ビールを冷蔵庫に(　　)おいてください。

A. 冷やして　B. 冷めて　C. いて　D. あって

71. 毎日ごちそうを食べて、もう(　　)よ。

A. 憧れた　B. 除いた　C. 成った　D. 飽きた

72. 生活にどんな困難があっても、（　　）ぬきたいです。
    A. 果たし　　B. 奪い　　C. 生き　　D. 払い
73. 3番のバスに乗る人は、ここで（　　）ください。
    A. 集めて　　B. 集まって　　C. 揃えて　　D. 混じって
74. 満員電車で人に足を（　　）、痛かったです。
    A. 詰められて　　B. 沈まれて　　C. 踏まれて　　D. 失われて
75. 自分を（　　）、よりいい自分になっていく。
    A. 迎えて　　B. 見えて　　C. 越えて　　D. 映して
76. 我がチームは試合で（　　）、悔しくてしかたがない。
    A. 負って　　B. 負けて　　C. 奪って　　D. 防いで
77. 病気がようやく（　　）、外へ遊べに行けるようになった。
    A. 張って　　B. 治って　　C. 好って　　D. なって
78. 寒いですね。窓を（　　）ほうがいいです。
    A. 閉まった　　B. 閉めた　　C. 閉まって　　D. 閉めて
79. 私は外国の番組が（　　）テレビが欲しいです。
    A. 見る　　B. 見える　　C. 見られる　　D. 見えられる
80. 誕生日の時、友達がネックレスを（　　）くれて嬉しいです。
    A. おいて　　B. おくって　　C. まねいて　　D. さして
81. 「3日の食料として、これぐらいは（　　）かな？」
    「大丈夫だろう。」
    A. 足りる　　B. 重なる　　C. 止める　　D. 生ける
82. 街を歩いていたら、突然、知らない人に（　　）られた。
    A. 確かめ　　B. 思い出され　　C. 話しかけ　　D. 仕上げ
83. 妹は5年勤めた会社を（　　）し、音楽教室を始めた。
    A. 就職　　B. 転職　　C. 入社　　D. 退社
84. 子供を（　　）ように、静かにプレゼントをおきます。
    A. 起きない　　B. 起こさない　　C. 起きられない　　D. 起こされない
85. アイスクリームが（　　）うちに食べてください。
    A. 溶けた　　B. 溶けて　　C. 溶けなくて　　D. 溶けない
86. ゆっくりお風呂に入って、（　　）体をリラックスしましょう。
    A. 疲れる　　B. 疲れて　　C. 疲れた　　D. 疲れない

87. 食べ物を大切にしたくて、ご飯を一粒も（　　）ないようにしている。

A. 残して　B. 残って　C. 残さ　D. 残ら

88. 朝は早く（　　）と思いますが、なかなか起きられないです。

A. 起きよ　B. 起きろ　C. 起きろう　D. 起きよう

89. 優勝を（　　）ために、2人は戦いを始めました。

A. 争う　B. 争い　C. 争わない　D. 争おう

90. あのことは今でも（　　）ままで困ります。

A. 解決する　B. 解決しない　C. 解決した　D. 解決しよう

91. 僕が（　　）ように、親はお金を貯めた。

A. 留学する　B. 留学した　C. 留学できる　D. 留学しよう

92. （　　）から、絶対遅刻しないでね。

A. 約束する　B. 約束できる　C. 約束しよう　D. 約束した

93. 「大丈夫ですか。」

「ええ、軽い風邪ですから、（　　）ください。」

A. 心配で　B. 心配して　C. 心配しなくて　D. 心配しないで

94. 母はよく私に留守番を（　　）。

A. する　B. したい　C. される　D. させる

95. 社会を（　　）ために、一生懸命頑張っている。

A. 発展する　B. 発展される　C. 発展できる　D. 発展しよう

96. これで、旅行の準備がすべて（　　）。

A. 終わる　B. 終わった　C. 終わらない　D. 終わろう

97. 仕事が忙しくても親友の結婚式には（　　）わけにはいかない。

A. 出席する　B. 出席しない　C. 出席した　D. 出席しよう

98. 家を買うかどうか、妻と（　　）から決めます。

A. 相談する　B. 相談した　C. 相談して　D. 相談しよう

99. ちょっとした（　　）で、不用品も役に立つようになる。

A. 回復　B. 工夫　C. 進歩　D. 納得

100. 試験の前に深呼吸して（　　）ました。

A. 受け入れ　B. 思いやり　C. 作り出し　D. 落ち着き

第二十九章

外来語(がいらいご)・擬音語(ぎおんご)・擬態語(ぎたいご)/外来语、拟声词、拟态词

外来語(がいらいご)(ア行～サ行)/外来语(“ア”行至“サ”行)

□アイデア①③	[名]	(英)idea 主意，想法
□アジア①	[名]	(英)Asia 亚洲
□アドバイス①③	[名/动3自]	(英)advice 忠告，建议
□アナウンサー③	[名]	(英)announcer 播音员，广播员
□アルバイト③	[名/动3自]	(德)Arbeit 打工，临时工
□インク⓪①	[名]	(英)ink 墨水
□エコロジー②	[名]	(英)ecology 生态学；环保
□エスカレーター④	[名]	(英)escalator 自动扶梯
□オープン①	[形2/名/动3自他]	(英)open 开放；开业
□カード①	[名]	(英)card 卡片；扑克牌
□ガイドブック④	[名]	(英)guidebook 指南，入门书
□ガソリン⓪	[名]	(英)gasoline 汽油
□ガム①	[名]	(英)gum 橡皮；口香糖
□カラー①	[名]	(英)color 颜色，色彩
□ガラス⓪	[名]	(荷)glas 玻璃
□カリキュラム③①	[名]	(英)curriculum 教学计划，课程计划
□カロリー①	[名]	(英)calorie 卡路里，热量
□キャンパス①	[名]	(英)campus (大学)校园
□クリック②	[名/动3他]	(英)click 点击，单击
□クレジットカード⑥	[名]	(英)credit card 信用卡
□コース①	[名]	(英)course 路线；课程；套餐

□ ゴール①	[名/动3自]	(英)goal 终点；目标；进球
□ ゴールデンウィーク⑦	[名]	(英)golden week 黄金周
□ コスト①	[名]	(英)cost 成本；价格
□ コピー①	[名/动3他]	(英)copy 复制，复印，打印
□ ゴム①	[名]	(荷)gom 橡胶
□ コンタクトレンズ⑥	[名]	(英)contact lens 隐形眼镜
□ サークル①	[名]	(英)circle 小组，圈子
□ サービス①	[名/动3自他]	(英)service 招待；服务
□ サイン①	[名/动3自]	(英)sign 信号；签名，签字
□ シャープペンシル④	[名]	(和)Eversharp pencil 自动铅笔
□ シルクロード④	[名]	(英)the Silk Road 丝绸之路
□ シンボル①	[名]	(英)symbol 象征；符号
□ スタート②⓪	[名/动3自]	(英)start 出发；开始
□ ストップ②	[名/动3自他]	(英)stop 停止，停下
□ スピード⓪	[名]	(英)speed 速度
□ スマートフォン⑤④	[名]	(英)smart phone 智能手机
□ スモッグ②	[名]	(英)smog 烟雾，雾霾
□ ソフトウェア⑤	[名]	(英)software（电子计算机）软件

外来語（タ行～ワ行）/外来语（“タ”行至“ワ”行）

□ ダム①	[名]	(英)dam 水坝，水库
□ チャンス①	[名]	(英)chance 机会
□ チョコレート③	[名]	(英)chocolate 巧克力
□ データ①⓪	[名]	(英)data 数据，资料
□ ティッシュ①	[名]	(英)tissue 纸巾，卫生纸
□ テープ①	[名]	(英)tape 带子；胶带；磁带
□ テーマ①	[名]	(德)Thema 主题；题目
□ デザイン②	[名/动3自他]	(英)design 设计
□ ドル①	[名]	(英)dollar 美元

□ニーズ①	[名]	(英)needs 需求，要求
□ニュース①	[名]	(英)news 新闻，消息，报道
□ノート①	[名/动3他]	(英)note 笔记；笔记本；记录
□ノック①	[名/动3他]	(英)knock 敲，敲门
□ハイテク⓪	[名]	(英)high technology 高科技，尖端技术
□バケツ⓪	[名]	(英)bucket 水桶
□パス①	[名/动3自]	(英)pass 通过；合格；免票入场券
□パスポート③	[名]	(英)passport 护照
□パソコン⓪	[名]	(英)personal computer 个人电脑
□バランス⓪	[名]	(英)balance 平衡，平均
□ハンカチ④	[名]	(英)handkerchief 手帕
□ハンドバッグ④	[名]	(英)handbag 女式手提包
□ハンドブック④	[名]	(英)handbook 手册，指南
□ハンドル⓪	[名]	(英)handle 方向盘；把手
□ビザ①	[名]	(英)visa 签证
□ビニール②	[名]	(英)vinyl 乙烯树脂；塑料
□ブーム①	[名]	(英)boom (暂时性的)热潮，高潮
□プラス①⓪	[名/动3他/形2]	(英)plus 加号；盈利；加；有利
□プラスチック④	[名]	(英)plastic 塑料
□ブレーキ②⓪	[名]	(英)brake 刹车；制止
□ページ⓪	[名]	(英)page 页
□ベストセラー④	[名]	(英)best seller 畅销书
□ベル①	[名]	(英)bell 铃，电铃
□ポスター①	[名]	(英)poster 宣传画，海报
□マイナス⓪	[名/动3他]	(英)minus 减号；负号；损失，不利
□マッチ①	[名]	(英)match 比赛；火柴
□マナー①	[名]	(英)manner 礼节，礼貌；态度
□マルチメディア④	[名]	(英)multimedia 多媒体
□メール①⓪	[名]	(英)mail 邮件；短信
□メニュー①	[名]	(法)menu 菜单，菜谱

□ モーター①	［名］	（英）motor 马达，发动机
□ ラジオ①	［名］	（英）radio 无线电广播；收音机
□ リサイクル②	［名/动3他］	（英）recycle 回收，再利用
□ リズム①	［名］	（英）rhythm 韵律，节奏，拍子
□ レベル①⓪	［名］	（英）level 水平，水准；等级
□ ロビー①	［名］	（英）lobby（饭店、剧场等的）大厅

擬音語（ぎおんご）・擬態語（ぎたいご）/拟声词、拟态词

□ あっさり③	［副/动3自］	轻松，轻易
□ いらいら①	［副/动3自］	焦躁不安
□ うきうき③①	［副/动3自］	兴高采烈
□ がつがつ①	［副/动3自］	狼吞虎咽
□ きらきら①	［副/动3自］	闪闪发光
□ ぐずぐず①	［副/动3自］	磨磨蹭蹭
□ くよくよ①	［副/动3自］	闷闷不乐，耿耿于怀
□ こつこつ①	［副］	孜孜不倦
□ さらさら①	［副］	（流水声）哗啦哗啦；（摩擦声）沙沙
□ すっきり③	［副/动3自］	（心情）舒畅，畅快，痛快
□ そっと⓪	［副］	悄悄地，轻轻地，安静地；偷偷地
□ どきどき①	［副/动3自］	（心）怦怦跳，忐忑不安
□ どんどん①	［副］	咚咚；连续不断
□ にこにこ①	［副/动3自］	笑眯眯，笑嘻嘻
□ にっこり①	［副］	微笑
□ はらはら①	［副/动3自］	（树叶落下）哗啦哗啦；（流眼泪）扑簌簌；担心
□ ばらばら⓪	［副/形2］	七零八落，零零散散；（下大雨）哗啦哗啦
□ ひらひら①	［副/动3自］	（树叶等）随风飘落；（蝴蝶等）翩翩飞舞

例文／例句

1. 方角に迷って、コンパスの針が少し東に振れています。
2. 言いたいことを全部言い出して、胸がさっぱりしました。
3. キャンパスで運動会が行われて、選手たちがきらきらと輝いています。
4. 鈴木さんは中国へ5年も留学していたので、中国語がとても上手です。

第二十九章课后练习

问题一 写出下列日语单词对应的中文含义。

1. ガイドブック ________　　2. キャンパス ________
3. シンボル ________　　4. アルバイト ________
5. ガラス ________　　6. インク ________
7. アイデア ________　　8. ダム ________
9. スモッグ ________　　10. スタート ________
11. コスト ________　　12. コース ________
13. ゴール ________　　14. エコロジー ________
15. ニュース ________　　16. ハイテク ________
17. テーマ ________　　18. ブーム ________
19. ニーズ ________　　20. プラス ________
21. チョコレート ________　　22. メール ________
23. マッチ ________　　24. シルクロード ________
25. サービス ________　　26. ガソリン ________
27. データ ________　　28. ブレーキ ________
29. さっぱり ________　　30. すっかり ________

问题二 根据句子，选择合适的单词，并填入括号。

a. バランス　　b. テーマ　　c. データ　　d. ゴール

1. 私の発表の（　　）は「環境問題について」です
2. アンケートによって、最新の（　　）を集めてください。
3. 試合の時、とても疲れたが、彼らは頑張って（　　）まで走った。
4. 栄養の（　　）を取ることは大事です。

e. ガソリン　　f. ガイドブック　　g. サイン　　h. サービス

5. バーゲンセールにいろいろな（　　）があります。

6. 最近、（　　）の価格が上がっています。

7. （　　）があったら、家具を組み立てるのにとても便利です。

8. 部長、こちらの書類に（　　）をお願いします。

挨拶（あいさつ）／寒暄语

初対面の時（しょたいめん）／初次见面时

会話　A：はじめまして。中村です。どうぞよろしくお願いします。

B：こちらこそ、どうぞよろしくお願いします。

意味　はじめまして　初次见面

どうぞよろしくお願いします　请多指教

こちらこそ　彼此彼此；我才是

会う時／见面时

会話1　A：小森先生、おはようございます。

B：おはようございます。今日はいい天気ですね。

意味　おはようございます　早上好（日常对话中可省略为“おはよう”）

会話2　A：吉田さん、こんにちは。

B：こんにちは。一緒に食事に行きませんか。

意味　こんにちは　你好；中午好（多用于白天或下午见面时）

会話3　A：山本さん、こんばんは。

B：あ、工藤君、こんばんは。お母さんと散歩ですか。

意味　こんばんは　晚上好

別れの時／分别时

会話1　A：真希さん、この3年間お世話になりました。本当にありがとうございました。

B：こちらこそ、お世話になりました。いつかまた会いましょう。

A：うん。さようなら。

B：さようなら。お元気で。

意味 お世話になりました　受到您的照顾

さようなら　再见（多用于正式场合，也可以用于永别的场景）

お元気で　保重身体

会話2 A：明日、うちに遊びに来てね。

B：うん。

A：じゃ、また。

B：また明日。

意味 じゃ、また　再见（较随意）

また明日　明天见

お礼を言う時／道谢时

会話 A：今日は手伝ってくれて、ありがとうございます。

B：どういたしまして。

意味 ありがとうございます　谢谢（日常对话中可以省略为“ありがとう”）

どういたしまして　不客气；不用谢

食事の時／吃饭时

会話1 A：亮太、ご飯ができましたよ。早く食べなさい。

B：はーい。いただきます。

意味 いただきます　我要开吃了（用于吃饭或吃东西前。该句来源于“頂(いただ)く”一词。古代日本人在接受上层的奖赏时，会感激地将其顶在头上以示尊敬。这一动作就用“頂きに載せる”表示。作为生存在岛国的日本人深知食物来之不易，为表达对大自然赠予食物的感谢，日本人会在餐前说“いただきます”。后来，该句又延伸为对生命、对他人的感谢。）

会話2　A：ごちそうさまでした。

B：どうですか。お口に合いますか。

A：はい、とても美味しかったです。

B：よかったですね。

意味　ごちそうさまでした　我吃饱了；承蒙款待（用于饭后对提供饭菜的一方表示感谢。）

会話3　A：すみません。お会計をお願いします。

B：はい、かしこまりました。

意味　かしこまりました　知道了；明白了（多用于对方身份和地位高于自己时，常见于服务行业）

家を出る時・家に帰る時／离开家时、回家时

会話1　A：いってきます。

B：いってらっしゃい。

意味　いってきます　我出门了；我出发了

いってらっしゃい　一路顺风；路上小心

会話2　A：ただいま。

B：おかえりなさい。

意味　ただいま　我回来了（回来的人对在家里的人说）

おかえりなさい　欢迎回来（在家里的人对回来的人说，可省略为“おかえり”）

他人の家を訪ねる時・離れる時／拜访别人家时、离开别人家时

会話1　A：あら、健太君、いらっしゃい。どうぞお上がりください。

B：こんにちは。では、お邪魔します。

意味　いらっしゃい　欢迎光临（店员接待顾客时，常用“いらっしゃいませ”）

どうぞお上がりください　请进（用于邀请他人进家门）

お邪魔します　打扰了

会話2　A：もう外が暗くなりましたね。では、これで失礼します。

B：また来てくださいね。

意味 失礼します　告辞；再见

お祝いの時／祝贺时

会話1 A：あけましておめでとうございます。

B：あけましておめでとうございます。

A：今年もよろしくお願いしますね。

B：こちらこそ、よろしくお願いします。

意味 あけましておめでとうございます　新年快乐（用于新年第一天向他人祝贺）

おめでとうございます　恭喜；祝贺（用于向他人表达祝贺，可省略为“おめでとう”）

会話2 A：ご結婚おめでとうございます。どうぞお幸せに。

B：ありがとうございます。

意味 ご結婚おめでとうございます　新婚快乐

お幸せに　祝你幸福

会話3 A：お誕生日おめでとうございます。これ、プレゼントですよ。

B：ありがとうございます。

意味 お誕生日おめでとうございます　生日快乐

人を待つ時・人を待たせる時／等人时、让人等待时

会話 A：少し用事があるので、しばらくお待ちいただけますか。

B：分かりました。

（30分後）

A：お待たせしました。本当に申し訳ありません。

B：いいえ、大丈夫ですよ。

意味 お待たせしました　让您久等了

お待ちいただけますか　能请您等一等吗？

大丈夫です　没问题；没关系

「すみません」の使い方／“すみません”的用法

会話1 A：また遅刻ですか。

B：すみません。待ち合わせの時間を間違えてしまいました。

意味 すみません　对不起（用于道歉）

会話2 A：この荷物、重そうですね。お持ちしましょうか。

B：あっ、すみません。

意味 すみません　谢谢（用于道谢，程度较轻）

会話3 A：すみません、吉田さんですか。

B：はい、いかにもそうです。

意味 すみません　不好意思；打扰一下

「どうぞ」の使い方／“どうぞ”的用法

会話1 A：これをどうぞ。

B：わあ、ありがとうございます。

意味 どうぞ　请（用于给他人物品时）

会話2 A：この席にどうぞ。

B：どうもありがとうございます。

意味 どうぞ　请（用于把某物推荐给他人时）

会話3 A：どうぞ召し上がってください。

B：ありがとうございます。では、いただきます。

意味 どうぞ　请（用于邀请他人做某事时）

第三十章课后练习

问题一 写出下列中文对应的日语寒暄语。

1. 初次见面 ________________
2. 我才是 ________________
3. 请多指教 ________________
4. 你好 ________________
5. 晚上好 ________________
6. 再见 ________________
7. 明天见 ________________
8. 晚安 ________________
9. 谢谢 ________________
10. 不客气 ________________
11. 我开动了 ________________
12. 我吃饱了 ________________
13. 出门了 ________________
14. 回来了 ________________
15. 请 ________________
16. 祝贺 ________________
17. 久等了 ________________
18. 没问题 ________________
19. 打扰了 ________________
20. 对不起 ________________

问题二 根据句子，选择合适的单词，并填入括号。

a. さようなら　　b. ありがとう　　c. おやすみなさい　　d. はじめまして

1. 初めて会った人に（　　）を言います。
2. 空港で友達が涙を流しながら、（　　）を言っていました。
3. 感謝の気持ちは（　　）という一言だけで言い切れないです。
4. 「もう遅いだから、早く寝なさい。」
　「はい、（　　）。」

e. すみません　f. おかえりなさい　g. ごちそうさまでした　h. おしあわせに

5. 田舎に帰る時、おばあさんが村前に立って、笑顔で（　　）と言ってくれるのは感動的です。
6. （　　）。とても美味しかったです。
7. 「（　　）、ここは禁煙席ですが。」
　「あっ、ごめんなさい。」
8. 二人どもご結婚おめでとうございます。末永く（　　）。

テスト6 / 测试6

一、从A、B、C、D四个选项中，选出合适的选项，填入括号。

1. 学生時代の最後の思い出として、卒業の記念写真を（　　）の中に入れました。

   A. モーター　　B. ステージ　　C. アルバム　　D. コンサート

2. 進学について、先生の（　　）が聞きたいです。

   A. アルバム　　B. アクセス　　C. アドバイス　　D. アルバイト

3. ケーキは（　　）が高いから、あまり食べないほうがいいですよ。

   A. コード　　B. カロリー　　C. カリキュラム　　D. カルシウム

4. 試合の公平を守るため、まず（　　）を作る。

   A. ルール　　B. スキル　　C. プール　　D. クラス

5. 今回の作文の（　　）は「もし子どもの時代に戻ったら」です。

   A. テスト　　B. テーマ　　C. デザイン　　D. テキスト

6. 今年の夏休みは海辺の（　　）に一週間泊まる予定です。

   A. ロビー　　B. ホテル　　C. トンネル　　D. カーテン

7. 速い（　　）でしゃべっているので、よく分かりません。

   A. スピーチ　　B. スタート　　C. スピード　　D. スケッチ

8. 兄の背が高くて、190（　　）以上もあります。

   A. ミリ　　B. グラム　　C. キロ　　D. センチ

9. 今マッチを使って、（　　）に火をつける人が少なくなった。

   A. ガス　　B. ハンカチ　　C. スイッチ　　D. カーテン

10. あの高校では2年生になると、文系と理系の2つの（　　）に分かれる。

    A. コピー　　B. コーラ　　C. コート　　D. コース

11. 今日は久しぶりのいい天気だから、（　　）でも行きましょう。

    A. ポスト　　B. トラック　　C. スペース　　D. ピクニック

12. 以前は（　　）で写真を撮るのが一般的だが、今はスマートフォンで撮るのは普通だ。

    A. ガラス　　B. カメラ　　C. ナイフ　　D. ナンバー

13. 予習する時は、わからないところに、(　　)をつけてください。

A. コック　　B. カード　　C. コップ　　D. マーク

14. エコロジーというのは、資源を(　　)することが大事です。

A. ロケット　　B. リサイクル　　C. リットル　　D. レポート

15. 後ろの人もはっきり聞こえるように、(　　)を通して話してください。

A. インク　　B. マイク　　C. リズム　　D. ドル

二、从A、B、C、D四个选项中，选出合适的选项，填入括号。

16. 「もうそろそろ失礼します。」

「(　　)。」

A. 失礼しました　　B. ありがとう

C. お邪魔します　　D. いってらっしゃい

17. 「ご結婚おめでとうございます。」

「(　　)。」

A. 失礼します　　B. どういたしまして

C. ありがとうございます　　D. 大丈夫です

18. 日本人は食事の前、いつも「(　　)」を言います。

A. ごめんなさい　B. こちらこそ　　C. ただいま　　D. いただきます

19. 「すみません、お会計をお願いします。」

「はい、(　　)。」

A. かしこまりました　　B. お先に

C. いってきます　　D. 失礼します

20. 「この一年間、本当に(　　)。」

「こちらこそ。」

A. お邪魔します　　B. お世話になりました

C. かしこまりました　　D. 失礼しました

21. まもなくタイムサービスの時間になります。お客様は(　　)お待ちください。

A. そろそろ　　B. お先に　　C. あいかわらず　D. しばらく

22. 「日本語がお上手ですね。」

「いいえ、(　　)。」

A. 褒めないでください　　B. こちらこそ

C. どうぞよろしく　　D. とんでもございません

23. 「何かいいことでもあったの？」
「いや、（　　）。」
A. わからない　B. ごめん　C. すみません　D. べつに

24. 「田中君、ちょっと郵便局まで行ってきてくれないか。」
「はい、わかりました。すぐ（　　）。」
A. 失礼します　B. いってらっしゃい
C. いってきます　D. かしこまりました

25. 「おかわりは要りますか?」
「（　　）。」
A. どういたしまして　B. いただきます
C. お願いします　D. お邪魔します

26. 「ごめんなさい。出かける前にちょっと電話をかけさせてください。」
「はい、（　　）ご自由に。」
A. すみません　B. どうぞ　C. おめでとう　D. しばらく

27. 「（　　）。どうぞお上がりください。」(2013年真题)
「失礼します。」
A. いってまいります　B. ごめんください
C. いってらっしゃい　D. いらっしゃい

28. 「私もお手伝いましょうか。」(2014年真题)
「（　　）。」
A. こちらこそ　B. そうします
C. お願いします　D. どういたしまして

29. 「ちょっとスーパーまで（　　）。」(2019年真题)
「いってらっしゃい。」
A. いってきます　B. いっています
C. いってあります　D. いってしまいます

30. 「今日は仕事も落ち着いてきたし、もう退社していいよ。」(2022年真题)
「すみません。（　　）。」
A. 謝ります　B. 喜びます
C. 楽しいです　D. お先に失礼します

実践編／实战篇

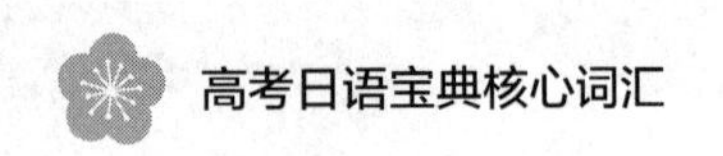

模擬テスト 1／模拟测试 1

一、从A、B、C、D四个选项中，选出合适的选项，填入括号。

1. 立春が過ぎても（　　）寒さが続いている。（2023年32题）
   A. きびしい　　B. くわしい　　C. まずしい　　D. やかましい
2. あの人はやると決めたら（　　）進む人だ。（2023年37题）
   A. はっきり　　B. まっすぐ　　C. すっかり　　D. まったく
3. お忙しい中、私のために時間を（　　）てくれてありがとうございます。（2023年38题）
   A. 引いて　　B. 抜いて　　C. 作って　　D. 空いて
4. ねえ、昨日の雨は（　　）ですね。（2022年33题）
   A. さむかった　　B. すごかった　　C. きびしかった　　D. すくなかった
5. 論文作成のため、（　　）で関係資料を検索していました。（2022年36题）
   A. マナー　　B. イメージ　　C. エコロジー　　D. インターネット
6. 博物館の前にタクシーが何（　　）も止まっています。
   A. 機　　B. 代　　C. 台　　D. 番
7. 私は傘が2（　　）持っていますから、貸してもいいですよ。
   A. 2枚　　B. 2本　　C. 2台　　D. 2軒
8. 妹は毎週3（　　）ダンス教室に通っています。
   A. ふん　　B. かい　　C. さつ　　D. まい
9. 姉は旅行をすると、いつも私たちに（　　）を買ってくれます。
   A. おれい　　B. おみやげ　　C. おとしだま　　D. おいわい
10. 母：「一人で海外へ留学するなんて、本当に大丈夫?」
    娘：「大丈夫よ。（　　）しないで。」
    A. 遠慮　　B. 気分　　C. 関心　　D. 心配
11. 日本人の（　　）には、天気に関する言葉が多いです。
    A. あいさつ　　B. おまつり　　C. おみまい　　D. おいわい
12. 田中さんの服装はとても上品な（　　）がします。
    A. 関心　　B. 気分　　C. 考え　　D. 感じ
13. その事件はどうなったのが（　　）になります。
    A. 気　　B. 心　　C. 首　　D. 腕
14. 悪いのはあなただから、（　　）を下げて謝っても許さない。
    A. 口　　B. 頭　　C. 足　　D. 手

15. 夜8時以降なら（　　）家にいるので、電話してください。

A. だいぶ　　B. じつは　　C. たいてい　　D. かなり

16. （　　）安くても、こんなに買う必要がないよ。

A. いくつ　　B. いくら　　C. どうして　　D. どんな

17. 辛い物が苦手ですから、四川料理は（　　）食べられません。

A. たいへん　　B. すこし　　C. ちょうど　　D. ぜんぜん

18. 休みの時だけ一人で家で（　　）したい。

A. びっくり　　B. のんびり　　C. はっきり　　D. しっかり

19. 彼は明るくて健康で、（　　）若者のようです。

A. ようやく　　B. まるで　　C. せっかく　　D. 別に

20. あの子は可愛くて、（　　）人形のようです。

A. まるで　　B. ちょっと　　C. きっと　　D. やっと

21. それぞれの説明をよく聞いたうえで、旅行の（　　）を選びたいと思います。

A. コート　　B. コース　　C. ゴール　　D. コピー

22. 大学入学試験が終わって、高校生の間で旅行（　　）が起きています。

A. ゲーム　　B. ゴール　　C. チーム　　D. ブーム

23. 就職のことだから、もっと（　　）考える必要があると思います。

A. 大きく　　B. 深く　　C. 高く　　D. 濃く

24. 寝る時は必ず電気を（　　）ください。

A. 休んで　　B. 消して　　C. 閉じて　　D. 止めて

25. 高価な薬を飲んだのに、病気が全然（　　）。

A. 治らない　　B. 治さない　　C. 治れない　　D. 治させない

26. 1時間で漢字を50個覚えなさいと言われても、とても覚え（　　）。

A. きれません　　B. すぎません　　C. おわりません　　D. しまいません

27. 今朝寝坊して、遅刻（　　）。

A. ありました　　B. いました　　C. しまいました　　D. みました

28. 妹が実希さんに会いたがっているので、会わせて（　　）つもりです。

A. くれる　　B. もらう　　C. やる　　D. いただく

29. 年が（　　）と、すぐ新しい仕事を始める予定です。

A. はじめる　　B. くる　　C. とどく　　D. あける

30. 時間を変えるなら、前もって連絡して（　　）ほうがいいです。

A. みた　　B. いた　　C. しまった　　D. おいた

模擬テスト 2 ／模拟测试 2

一、从A、B、C、D四个选项中，选出合适的选项，填入括号。

1. 人間なんかは自分に都合のいい意見だけ聞く（　　）がある。（2022年32题）
   A. 頭　B. 癖　C. 態度　D. 立場
2. 昨日、雨に降られて、ひどい（　　）に遭いましたよ。（2014年31题）
   A. 気　B. 耳　C. 目　D. 口
3. 最近忙しいので、あまり（　　）音楽を聞くことができなくなりました。（2022年38题）
   A. ゆっくり　B. もっとも　C. まっすぐ　D. まったく
4. 高校に入ってから宿題に追われていて、（　　）暇はありません。（2022年35题）
   A. ならべる　B. なくなる　C. なまける　D. ながれる
5. 今日はお客さんが来ますから、失礼なことをしないように（　　）ください。（2022年40题）
   A. 気がついて　B. 気に入って　C. 気をつけて　D. 気になって
6. うちは駅から100（　　）ぐらいです。
   A. クラス　B. ページ　C. グラフ　D. メートル
7. こちらに（　　）をお願いします。
   A. コップ　B. サイン　C. コンサート　D. インク
8. 私の生まれた村が、全部大きい（　　）の下に沈んでしまいました。
   A. バス　B. ダム　C. ガム　D. ドル
9. 真面目な田中さんが遅れてくるなんて（　　）どうしたんでしょうね。
   A. どうも　B. どうぞ　C. いったい　D. たいてい
10. 「込」などのような日本人が作られた漢字は（　　）と呼ばれる。
    A. 国字　B. 活字　C. 生字　D. 赤字
11. この国の（　　）産業は農業で、とくに米作りが盛んです。
    A. おもな　B. いやな　C. むだな　D. らくな
12. 厳しく叱る（　　）、優しく声をかけることも忘れない。
    A. 片方で　B. 一方で　C. 両方で　D. 以上で
13. 隣の人に、ピアノを練習する音が（　　）と言われました。
    A. すばらしい　B. おもしろい　C. やかましい　D. うらやましい
14. （　　）お金がないんですが、1万円でおつりをください。
    A. ほそい　B. こまかい　C. すくない　D. たくさん

15. 彼は口が（　　）から、信じないほうがいいです。

A. まずい　　B. おもい　　C. かるい　　D. わるい

16. この町では人形作りが（　　）だ。

A. 豊か　　B. 賑やか　　C. たっぷり　　D. 盛ん

17. 彼女は特に日本の歴史に（　　）があるそうだ。

A. 肝心　　B. 趣味　　C. 感動　　D. 関心

18. あの歯医者は上手で親切なので、近所の（　　）がいい。

A. 人気　　B. 評判　　C. 評価　　D. 判断

19. （　　）ですが、今日は約束があるので、行けません。

A. わざわざ　　B. せっかく　　C. さっそく　　D. ちょっと

20. 手紙を読んで、両親のことが（　　）心配になりました。

A. いよいよ　　B. だんだん　　C. ますます　　D. もっとも

21. この間忙しくて、ぜんぜん（　　）暇がないです。

A. 休む　　B. 飛ぶ　　C. 疲れる　　D. 分かる

22. この選手はこれまで保持していた世界記録を（　　）。

A. 壊した　　B. 崩した　　C. 破った　　D. 割った

23. この一年間、毎日トレーニングして、体が（　　）になりました。

A. 強く　　B. 弱く　　C. 固く　　D. 丈夫

24. あの子は火事で親に死なれて、ほんとうに（　　）です。

A. かわいい　　B. かわいそう　　C. うれしい　　D. くやしい

25. 仕事で大きなミスをしたから、彼は会社を（　　）。

A. やめた　　B. やんだ　　C. とまった　　D. とめた

26. 目の（　　）ところで息子を自由に遊ばせたいと思います。

A. 届く　　B. 足りる　　C. 込める　　D. 知らせる

27. 雨が（　　）まで待つと伝えてください。

A. さめる　　B. やむ　　C. とまる　　D. いためる

28. わたしの発表の（　　）は「わたしの好きな本」です。

A. テーマ　　B. ルール　　C. デザイン　　D. アイディア

29. 3年ぶりに会って、彼は10センチも背が（　　）。

A. 伸びた　　B. 延びた　　C. 広がった　　D. 増えた

30. みなさん、こんにちは、これより交流会を（　　）ます。

A. おえ　　B. おわり　　C. はじめ　　D. はじまり

模擬テスト3／模拟测试3

一、从A、B、C、D四个选项中，选出合适的选项，填入括号。

1. 先生のほめ言葉を聞いて、いい（　　）になった。（2015年33题）
   A. 気持ち　B. 考え　C. 気温　D. 感情
2. ご無理とは思いますが、（　　）お願いできませんか。（2006年35题）
   A. なんだか　B. なんとか　C. さっぱり　D. まったく
3. 今マッチを使って、（　　）火をつける人が少なくなった。（2020年31题）
   A. ガス　B. ハンカチ　C. スイッチ　D. カーテン
4. ずっと探していたかぎは鈴木さんが（　　）くれた。（2021年40题）
   A. 見せて　B. 見えて　C. 見つけて　D. 見つかって
5. あっ、（　　）本、こんなところにあった。（2022年28题）
   A. 探せる　B. 見つけた　C. 見つかる　D. 探していた
6. 昨日山田さんと、（　　）で食事しました。
   A. ビル　B. エアコン　C. レストラン　D. スーパー
7. 休みになると、李さんは自然で（　　）します。
   A. スケッチ　B. スタンド　C. スタート　D. スケート
8. （　　）が揃ったら、すぐに出発してください。
   A. スケジュール　B. ナンバー　C. メンバー　D. エレベーター
9. 田中さんは寿司よりギョーザのほうが（　　）好きです。
   A. 一番　B. ずっと　C. わざと　D. とても
10. 私は（　　）日本料理を食べました。
    A. 始めて　B. 最初　C. はじめ　D. 初めて
11. 難しくて（　　）最後までできませんでした。
    A. じっと　B. とうとう　C. きっと　D. やっと
12. 学生時代はよく海に行ったが、この頃は忙しくて（　　）行けない。
    A. けっして　B. ことに　C. 絶えず　D. めったに
13. 私の家族は（　　）3人です。
    A. 全員　B. 全部　C. 全部で　D. 全部の
14. このセーターも（　　）小さくなったので、弟にやることにした。
    A. だいたい　B. だいぶ　C. おそらく　D. たいてい

15. (　　)姉みたいなので、呼んでみると、やっぱり姉であった。

A. なんとか　B. なぜ　C. なんとなく　D. なんでも

16. 向こうから李先生が(　　)歩いてきました。

A. ゆらゆら　B. ゆっくり　C. しっかり　D. さっぱり

17. 二時間もかかって宿題は(　　)できた。

A. ちょっと　B. とうとう　C. やっと　D. もう

18. 田中さんと会う約束だったのに、(　　)忘れていた。

A. 本当に　B. すべて　C. すっかり　D. ぜんぜん

19. 病気が治ったばかりなのだから、あまり(　　)をしない方がいい。

A. 無理　B. 無駄　C. 困難　D. 危険

20. この服はちょっと(　　)が高すぎます。

A. 物価　B. 値段　C. 価値　D. 甲斐

21. 妻のおかげで、私は(　　)して仕事に取り組むことができます。

A. あんしん　B. かんさつ　C. ぶんせき　D. りかい

22. 海外に行くには、(　　)が必要です。

A. カロリー　B. パス　C. パスポート　D. ビザ

23. わたしは妹と性格も趣味もぜんぜん(　　)。

A. 誤る　B. 忘れる　C. 断る　D. 違う

24. 番号を(　　)、社長に電話してしまった。

A. さし上げて　B. 間違えて　C. 出かけて　D. 落ち着いて

25. 子供の時から、切手を(　　)のが趣味です。

A. 集める　B. 揃える　C. 並べる　D. まとめる

26. 入院する時、毎日何もできなくて、とても(　　)だった。

A. 楽　B. 自由　C. 愉快　D. 退屈

27. もう終電がないから、(　　)を拾って帰るしかない

A. オートバイク　B. タクシー　C. 自動車　D. 自転車

28. 試験が終わったら、机をもとに(　　)ください。

A. 帰って　B. 変えて　C. 戻して　D. 返して

29. 昨日、強い風で庭の木が(　　)ました。

A. 倒し　B. 倒れ　C. 倒して　D. 倒れて

30. わたしは自分の留学経験を(　　)仕事を探しています。

A. 生える　B. 生まれる　C. 生かす　D. 生きる

模擬テスト 4 ／模拟测试 4

一、从A、B、C、D四个选项中，选出合适的选项，填入括号。

1. あしたは友だちの誕生日なので、（　　）にケーキを焼いてあげる。(2008年38题)
   A. お祝い　B. お礼　C. 喜びD謝り
2. この辺は夜になると（　　）から、いつも道を間違えてしまいます。(2017年34题)
   A. 暗い　B. 寒い　C. 黒い　D. 冷たい
3. 日本語を勉強する時間が長くなるにつれて、日本のことに（　　）興味を持つようになりました。(2009年36题)
   A. もっとも　B. かならず　C. きっと　D. いっそう
4. すみませんが、エアコンのスイッチを（　　）ください。(2019年32题)
   A. 入れて　B. 飼って　C. 開けて　D. 起こって
5. 伝統のある食べ物がつぎつぎと食卓から姿を（　　）しまった。(2019年34题)
   A. 消して　B. 売れて　C. 負けて　D. 壊して
6. 初めてだと、誰でも緊張するが、（　　）して直面してほしい。
   A. ベスト　B. リストラ　C. リラックス　D. ベスト
7. 彼は進学を取るか、就職を取るかで、（　　）に陥っている。
   A. シンポジウム　B. ジレンマ　C. パニック　D. トラブル
8. 白い（　　）を着ている彼女はまるで天使みたいに見えます。
   A. サンダル　B. ズボン　C. スカート　D. ワンピース
9. 情報がたくさんあり過ぎて何を信用すればいいのか（　　）している。
   A. 混同　B. 混合　C. 混乱　D. 混雑
10. 中途退学の（　　）を判断することはケースバイケースで一概に結論は出せない。
    A. 是非　B. 是正　C. 正当　D. 正確
11. （　　）な仕事を頼まれて、深夜まで残業した。
    A. 簡単　B. 容易　C. 迷惑　D. 不満
12. （　　）雨に降られて、風邪を引いてしまった。
    A. あつい　B. つらい　C. はげしい　D. よわい

13. 最近一人でいると（　　）てたまらない。

A. さびしく　　B. さむく　　C. ねむく　　D. おとなしく

14. おかげさまで、体のほうは（　　）よくなった。

A. すっかり　　B. ぜんぶ　　C. すべて　　D. とても

15. 10月に入ると、北海道は（　　）雪の季節である。

A. そろそろ　　B. だんだん　　C. すぐ　　D. まもなく

16. にわか雨だから、（　　）すればやむでしょう。

A. たちまち　　B. もちろん　　C. しばらく　　D. さっそく

17. みんなはスーパーで（　　）好きなものを買いました。

A. それぞれ　　B. あちこち　　C. さまざま　　D. ますます

18. 今年はいつも残暑が（　　）。

A. たかい　　B. きびしい　　C. はげしい　　D. ひどい

19. 私たちは、（　　）食べさせてもらえるので、喜んで行きます。

A. いつか　　B. いつにも　　C. いつでも　　D. いつ

20. 大連では雨が降り続いていますが、（　　）のほうはいかがでしょう。

A. ことら　　B. そちら　　C. あちら　　D. そこ

21. 先生の説明を聞いてよく（　　）ようになった。

A. わかる　　B. しる　　C. わからない　　D. 知らない

22. 風船が空に（　　）。

A. 上がる　　B. 登る　　C. 昇る　　D. 入る

23. 懐かしい故郷に帰って、子ども時代の（　　）が目に浮かんできた。

A. 運命　　B. 思い出　　C. 人生　　D. 生涯

24. 彼女はまじめな人で、いつも（　　）顔をしています。

A. 苦しい　　B. 嬉しい　　C. 真剣な　　D. 面白い

25. あの人は口が（　　）から、あまり信じないほうがいいですよ。

A. うまい　　B. わるい　　C. 固い　　D. 軽い

26. 明日から（　　）が上陸するので、外に出ないように注意してください。

A. 火事　　B. 地震　　C. 梅雨　　D. 台風

27. 今回の試験がとても（　　）、勉強が上手な高宮さんもいい成績を取れなかった。

A. やさしくて　　B. むずしくて　　C. うれしくて　　D. たのしくて

28. 何も言わずに帰るなんて、（　　）ですよ。

A. 重要　　B. 油断　　C. 失礼　　D. 自由

29. 「今日は私がおごりますよ。」

「すみません。（　　）。」

A. ごちそうさまでした　　B. お世話になりました

C. おねがいします　　D. おめでとうございます

30. 電車を降りる時、（　　）をしないようお願いします。

A. 忘れ物　　B. 傘　　C. 弁当　　D. 年寄り

参考答案 / 参考答案

基礎編 / 基础篇

第一章

问题二　dabc　gehf

第二章

问题二　dbca　fehg

第三章

问题二　cadb　hfge

第四章

问题二　dcba　fgeh

第五章

问题二　dcab　fheg

テスト1

1-5	DBBCD	6-10	BCAAC
11-15	DACBB	16-20	CDACC
21-25	ABCBB	26-30	BCDCC

第六章

问题二　cadb　fehg

第七章

问题二　bdac　ghfe

第八章

问题二　dbac　egfh

第九章

问题二　dbac　eghf

第十章

问题二　bdac　hgef

第十一章

问题二　dabc　fghe

テスト2

1-5	DBADB	6-10	CDBBA
11-15	DCBCA	16-20	BBADB
21-25	DADBC	26-30	ACBAA
31-35	ABDBD	36-40	ADCAD

第十二章

问题二　cadb　hefg

第十三章

问题二　dbac　fheg

第十四章

问题二　cadb　fheg

第十五章

问题二　cadb　fegh

第十六章

问题二　dcba　fegh

テスト3

1-5	BDABC	6-10	ADBDA
11-15	BABDB	16-20	CBACA
21-25	DAACA	26-30	DBACC

第十七章

问题二　cdba　fheg

第十八章

问题二　bcda　hgef

第十九章

问题二　adbc　fghe

第二十章

问题二　cdba　gfeh

第二十一章

问题二　dcab　egfh

テスト4

1-5 BBADB 6-10 DBDAB
11-15 ACACB 16-20 ABACB
21-25 BDACC 26-30 BDDAA

第二十二章

问题二 bcda ehfg

第二十三章

问题二 dbac ghfe

第二十四章

问题二

話し 養う 迎え 払って
眺める ぶつかって 諦めずに 直し

第二十五章

问题二

守れば 頑張っている 調べ 奪った
隠れて 疲れる 探し 隠す

第二十六章

问题二

輝く 集まっている 似て 比べて
映した 贈り 悩む 預かる

第二十七章

问题二

禁止され 観光する 注文した 理解する
分析して 工夫し 利用して 説明

第二十八章

问题二

受け継ぐ 付き合って 見下ろし 知り合った
腰掛けて 落ち着いて 引き出す 片づけて

テスト5

1-5 CBACB 6-10 BCAAD
11-15 BCBDA 16-20 CBCBA
21-25 BAAAD 26-30 BADBC
31-35 ACBCC 36-40 BDBDB
41-45 DCDBA 46-50 BCBDA
51-55 CBDDB 56-60 CBCBC
61-65 DBCDD 66-70 AABCA
71-75 DCBCC 76-80 BBBCB
81-85 ACDBD 86-90 CCDAB
91-95 CDDDA 96-100 BBCBD

第二十九章

问题二 bcda hefg

第三十章

问题二 dabc fgeh

テスト6

1-5 CCBAB 6-10 BCDAD
11-15 DBDBB 16-20 DCDAB
21-25 DDDCC 26-30 BDCAD

実践編 / 实战篇

模擬テスト1

1-5 ABCBD 6-10 CBBBD
11-15 ADABC 16-20 BDBBA
21-25 BDBBA 26-30 ACCDD

模擬テスト2

1-5 BCACC 6-10 DBBCA
11-15 ABCBC 16-20 DBBBB
21-25 ACDBA 26-30 ABAAC

模擬テスト3

1-5 ABACD 6-10 CACBD
11-15 BDCBC 16-20 BCCAB
21-25 ACDBA 26-30 DBCBC

模擬テスト4

1-5 AADAA 6-10 CBDCA
11-15 CCAAA 16-20 CABCB
21-25 AABCD 26-30 DBCAA